LA
Section Japonaise

ARTS DÉCORATIFS ET INDUSTRIELS MODERNES

PARIS 1925

CATALOGUE

ILLUSTRÉ

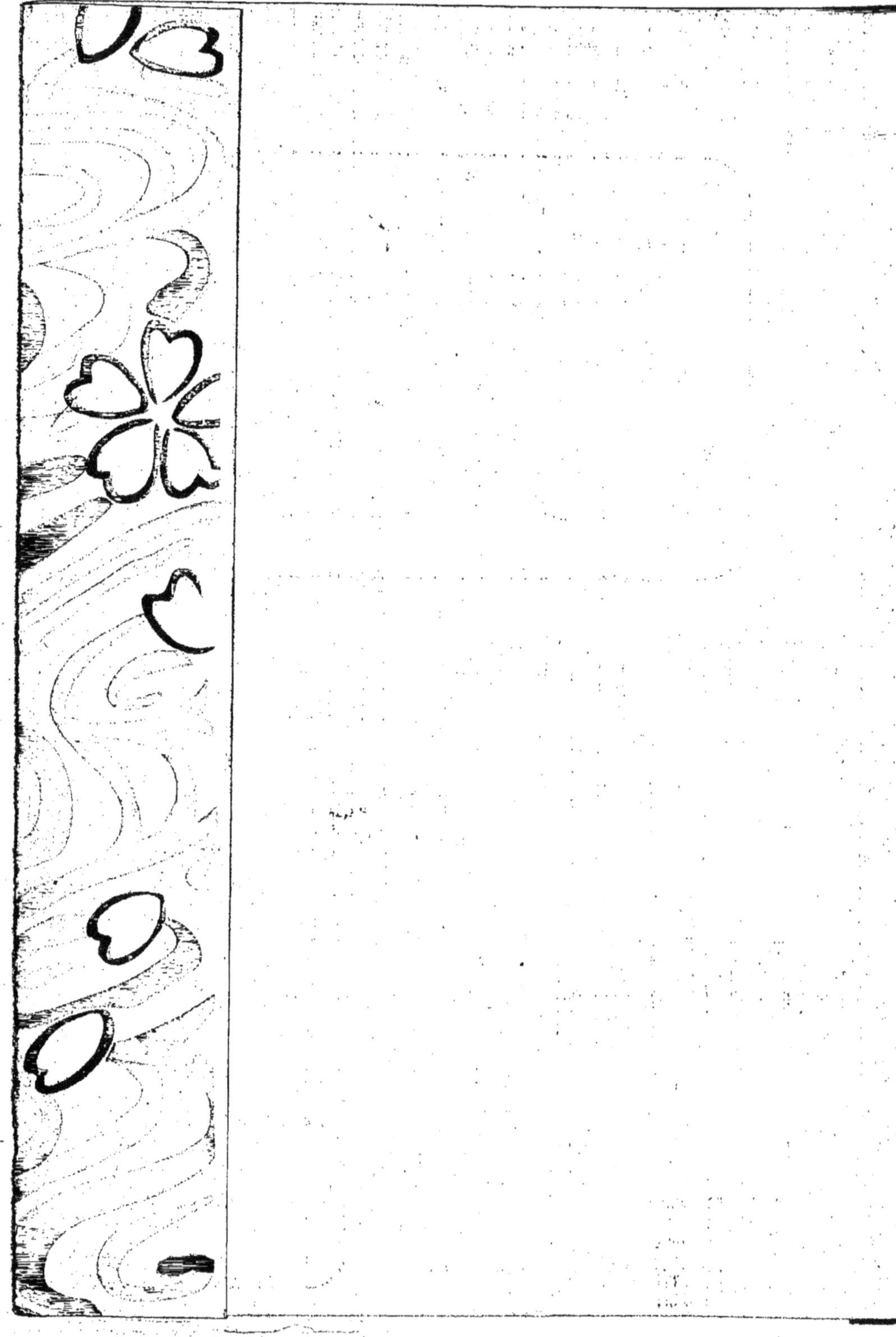

CATALOGUE ILLUSTRÉ
DE LA SECTION JAPONAISE

à l'Exposition Internationale
des Arts Décoratifs et Industriels
MODERNES

PARIS :: 1925

COMMISSARIAT GÉNÉRAL

DE LA

SECTION JAPONAISE

SQUARE DU TROCADÉRO N° 3

Téléphone : PASSY 44-23

IMPRESSIONS. . . .
BLONDEL LA ROUGERY.
Soc. An^{me}., 7, Rue Saint-Lazare
292-6-1925. . . . PARIS

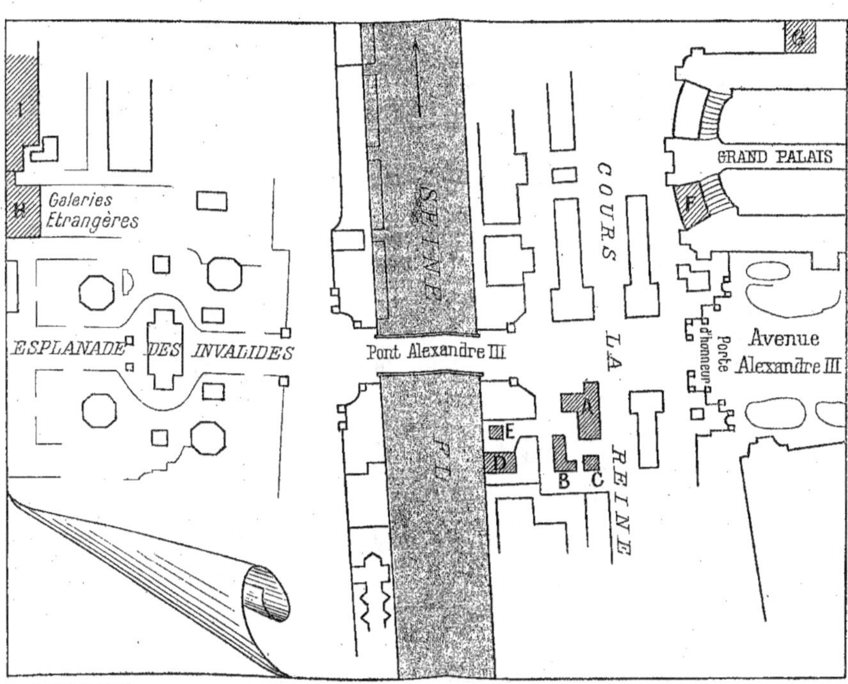

A. Pavillon National.
B. Galerie d'Exposition.
C. Chalet pour la Cérémonie du Thé.
D. Restaurant.
E. Kiosque (Thé Formose).
F. Stand au rez-de-chaussée.
G. Stand au premier étage (Enseignement).
H. Stand aux Galeries Etrangères des Invalides.
I. Magasin de vente.

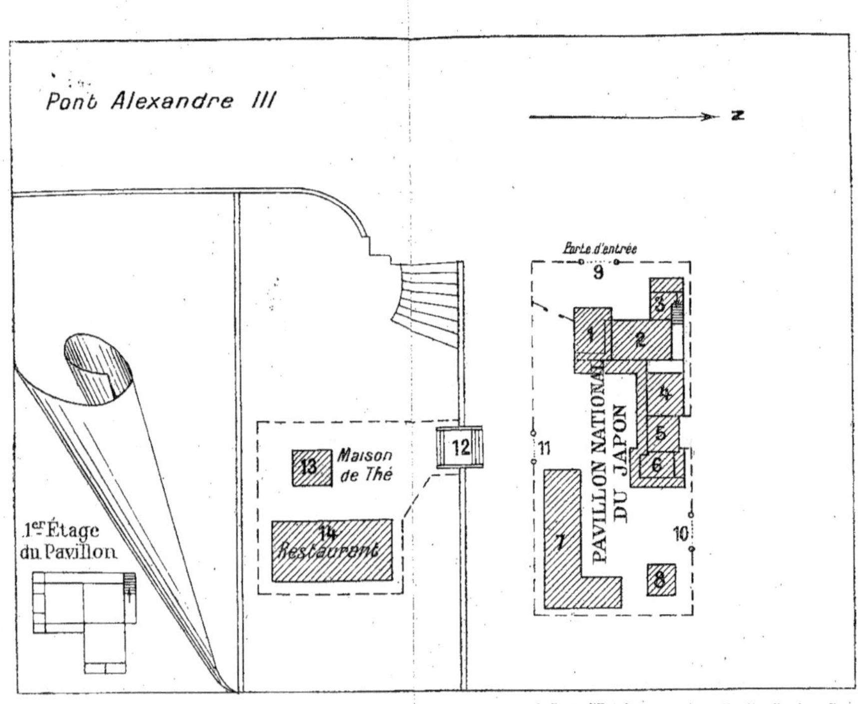

1. Grand Vestibule.
2. Salon.
3. Antichambre.
4. Boudoir.
5. Petit Vestibule.
6. Cabinet de Travail.
7. Galerie d'Exposition.
8. Chalet pour la Cérémonie du Thé.
9. Porte d'Entrée.
10. Porte de Sortie.
11. Sortie sur la berge.
12. Escalier d'accès au Restaurant.
13. Kiosque.
14. Restaurant.

SECTION JAPONAISE

COMMISSARIAT GÉNÉRAL DU JAPON
Square du Trocadéro N° 3

Commissaire Général : Shige-é SASAKI
Commissaire Général Adjoint : Shotaro NAKAMURA
Secrétaire Général : Tsunao SASAKI
Conseiller Technique : Toshisaburo AOKI
Conseiller : Hajimé MATSUSHIMA   (Conseiller   à   l'Ambassade)
Conseiller : Takasuké MORIYAMA   (Attaché   à   l'Ambassade)

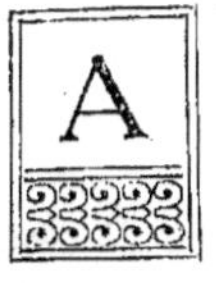

U MOIS de septembre 1923, lorsque le Gouvernement Français, par l'entremise de son Ambassadeur à Tokio, convia le Gouvernement Japonais à participer à l'Exposition Internationale des Arts Décoratifs et Industriels Modernes de 1925, le Japon traversait nombre de difficultés, consécutives à l'effroyable catastrophe qui venait de ravager la capitale et une des plus importantes régions. Malgré les circonstances pénibles du moment, nous nous sommes rendu compte que l'initiative de la France était fort précieuse, puisqu'elle tendait à mettre en relief les aspects caractéristiques des applications de l'art à l'industrie de l'époque contemporaine, et qu'il s'agissait donc d'une grandiose manifestation de nature à amplifier les relations de plus en plus suivies, que nos deux pays entretiennent. En présence de mobiles aussi louables, nous n'avons pas hésité à répondre à cet appel en donnant notre adhésion.

Immédiatement, le Gouvernement Japonais se préoccupa de constituer et d'agencer une Section Japonaise répondant à la portée considérable de cette Exposition Internationale. Les dispositions furent prises à la fois pour faire exposer des articles et objets tant décoratifs qu'industriels et pour produire un type d'habitation japonaise, dont l'ensemble vise à traduire la conception de la vie et de l'architecture modernes au Japon.

Le pavillon japonais placé au Cours la Reine, construit par une équipe d'ouvriers japonais spécialement venus à Paris, ainsi que l'architecte, est entièrement en matériaux de provenance japonaise. Notre Pavillon National revêt le caractère d'une habitation relativement courante dans la sphère des classes moyennes. En outre, on observera dans le jardin une dépendance, galerie d'exposition des objets en réserve pouvant servir à l'ameublement du pavillon. Cette annexe est reliée par un pont à un petit chalet destiné à la cérémonie du thé. Cependant, il va de soi que pareille maison comporte des modifications de détail quant à la disposition, au nombre de pièces et à l'aménagement du jardin, suivant la situation de la famille y résidant.

Les objets exposés comportent tous les articles caractéristiques du Japon, et sont répartis au Pavillon National, au Grand Palais (objets de luxe, au rez-de-chaussée ; objets relatifs à l'enseignement, au premier) ; ainsi que dans les Galeries réservées aux Sections Étrangères aux Invalides. Toutefois, il convient de noter que les objets exposés dans le Pavillon National représentent une sélection bien appropriée des ornements et détails décoratifs en renom.

Quant à nos magasins de vente, ils sont situés en retrait de la Section Japonaise aux Galeries des Invalides, et une collection de produits variés du Japon s'offrent aux yeux des visiteurs.

En dehors des emplacements énumérés plus haut, nous avons pu aménager une terrasse avec restaurant-maison de thé, sur la berge de la Seine attenant au Pavillon National pour recevoir le public dans une ambiance japonaise.

Le Gouvernement du Japon a donc délégué à Paris M. SHIGE-É SASAKI Sous-Directeur au Ministère du Commerce et de l'Industrie, à titre de Commissaire Général du Japon.

Toutes les affaires se rapportant à l'organisation de la Section Japonaise sont soumises et dirigées par l'Administration du Ministère. Quant à l'aménagement de l'Exposition des objets, ce Ministère l'a confié à l'Association Industrielle du Japon, qui a envoyé M. TSUNAO SASAKI, son Secrétaire-Général, en qualité de Représentant général des Exposants Japonais.

Le Pavillon Japonais

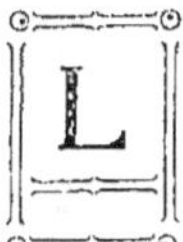 A VIE actuelle du Japon, influencée par la civilisation occidentale, marque un changement notable avec celle d'autrefois. Il n'est pas jusqu'à la construction des maisons, la fabrication des meubles, la confection des vêtements, qui ne se soient plus ou moins européanisés. Les Édifices Gouvernementaux, Municipaux, Publics, les Écoles, Hôpitaux, Magasins, Banques, Bureaux, etc... sont construits maintenant en style européen, soit en béton armé, soit en pierre ou en briques. Pour la tenue de ville, les hommes ont presque tous adopté le costume européen, et si les dames restent pour la plupart fidèles à leur tenue nationale, on voit cependant un grand nombre de jeunes étudiantes se vêtir à l'occidentale.

Mais, quoi que la vie quotidienne d'un Japonais soit, extérieurement tout au moins, semblable à celle d'un Européen de même situation; bien que la dure expérience du tremblement de terre de 1923 ait démontré que les constructions de béton armé, et même de pierre et de briques, résistent mieux aux cataclysmes qui frappent notre pays, et surtout à ce fléau dont les maisons légères sont trop facilement la proie : l'incendie ; bien que de plus en plus on préconise la construction des maisons nouvelles dans un style européen adapté à nos goûts et à nos mœurs, le Japonais n'en reste pas moins fidèle à la maison de son pays, munie, dans la mesure du possible, des derniers perfectionnements modernes.

De l'Architecture nouvelle, qui prend actuellement beaucoup d'extension au Japon, naîtra sans aucun doute un style nouveau qui réalisera un maximum de sécurité, de confort et de goût purement japonais. Mais, pour l'instant, nous sommes encore à une époque transitoire. Certaines innovations hardies sont présentées au public avec plus ou moins de succès, en un mot l'*Architecture Japonaise Moderne* traverse une période d'extrême tâtonnement.

Pour ces motifs, nous avons cru bon de présenter à l'*Exposition des Arts Décoratifs et Industriels Modernes*, le type même de la

MAISON JAPONAISE MODERNE

telle qu'elle est préférée dans le pays, mais qui conserve encore la tradition pure de la forme et de la construction indigènes, tout en possédant les plus récents perfectionnements.

La Maison Japonaise proprement dite est construite avec un souci d'hygiène et d'aération indispensable au bien-être des habitants et aux exigences du climat, moins tempéré que celui de la France. Aussi sommes-nous sans doute encore loin du jour où les Japonais adopteront de bon cœur la maison européenne telle qu'on la leur présente, avec ses ouvertures qu'ils considèrent comme trop étroites pour assurer suffisamment l'aération et le nettoyage parfait de leur intérieur.

Si, comme l'ont proclamé depuis de nombreuses années les Éminents Pionniers de l'Exposition actuelle, et, plus près de nous, les Organisateurs de cette magnifique manifestation de l'effort moderne, le but final est de voir provoquer l'éclosion d'un *art moderne* qui puisse assurer par la suite à chacun, dans la mesure de ses moyens, la part d'air et de soleil à laquelle tous les individus ont droit, le Pavillon Japonais sera fier d'avoir pu réunir dans sa simplicité et sa légèreté, à la fois le maximum d'air, de lumière, d'espace et de beauté.

La Maison Japonaise exposée comporte des cloisons qu'il est aisé, pour la plupart, d'enlever complètement ou de changer suivant la saison. C'est ainsi qu'en été, pour assurer une fraîcheur dans chaque pièce, les cloisons intérieures donnant sur la galerie sont revêtues de jonc, pour être remplacées l'hiver venu par des châssis de bois tendus de papier ou de soie, ou, plus récemment, munies de vitres dépolies.

La galerie qui court autour de la maison et donne accès à la plupart des pièces est fermée par des cloisons vitrées, à glissières, appelées « shoji » également susceptibles d'être enlevées complètement à volonté. La fermeture nocturne est assurée par des volets pleins, en bois, également à glissières, qu'on appelle « amado ». Nous avons cru bon de les supprimer dans notre pavillon, car le placard dans lequel on les glisse pour la journée aurait masqué, sur chaque façade de la maison, une partie de la vue de l'intérieur.

— :o —

Les cloisons de séparation entre chaque pièce, « fusuma », sont faites de papier tendu sur encadrement en bois laqué. Elles sont au nombre de 2, 4 ou 6, suivant l'importance de la pièce.

Le parquet des pièces est revêtu de nattes épaisses, en paille de riz, et celui des couloirs est nu en cyprès naturel.

Quand on pénètre par le Jardin dans le Pavillon Japonais, on remarque à gauche une aile que ferme une porte vitrée. C'est l'entrée de service de la maison. Là se trouvent : l'antichambre de service, l'escalier, et, plus loin, les cuisines, office, salle de bains, etc... que le manque de place nous a contraints à supprimer ici, et qui ne diffèrent d'ailleurs guère, quant au principe, des pièces européennes de même nature.

La première pièce qui s'offre à la vue sur deux côtés, est le salon de réception. On y remarque, comme d'ailleurs dans chacune des pièces de la maison, une sorte de petite alcôve, le « tokonoma », qui est l'endroit de la pièce où on dispose les objets principaux de décoration : le tableau, le vase de fleurs, la statuette. Cet endroit désigne également la place d'honneur pour l'Invité ; il joue dans nos maisons le rôle d'orientation de la pièce qui est dévolu à la cheminée dans la maison européenne. Toutefois il est plus spécialement affecté à la décoration principale.

La table du milieu avec ses deux coussins face à face attend les Visiteurs. Ils prendront le thé qui est offert à chaque personne pénétrant sous un toit japonais, dès qu'ils seront entrés dans le salon, et à cet effet le plateau est tout prêt à être enlevé par la servante qui les a introduits. Dans le gros vase bleu posé près d'eux, et qui doit être rempli de cendres de bois, ils trouveront en remuant avec des baguettes de cuivre, quelques braises pour allumer leur cigarette. C'est le « hibatchi », qui sert pendant l'hiver à se chauffer les mains, et dans lequel on conserve toujours, même en été, quelques charbons incandescents.

Mais nos Visiteurs ne sont pas arrivés directement dans le salon. La servante est venue leur souhaiter la bienvenue dans l'entrée, la pièce où l'on remarquera un écran peint derrière une table supportant la grosse potiche garnie de fleurs. Après les avoir fait entrer au salon par une petite porte ménagée à gauche, la servante sera partie chercher Madame. Pénétrons avec elle dans la pièce. Madame est justement installée devant sa psyché pour rectifier un détail de sa toilette. Elle referme la commode dans les tiroirs de laquelle dorment ses robes et ses objets personnels. Elle jette un coup d'œil sur le porte-manteau à deux branches qui supporte quelques-uns de ses kimonos. Cette chambre est à la fois son boudoir et son « chez elle ». C'est là qu'elle achèvera sa toilette commencée dans la chambre à coucher, qu'elle rangera ce qui lui appartient en propre, qu'elle se tiendra dans la journée pour lire, écrire ou se reposer.

Franchissant la seconde entrée de la Maison qui donne d'un côté sur le Jardin et de l'autre sur la courette précédant la rue, nous entrons chez Monsieur. Il est assis à sa table en train d'écrire. Dans les petits meubles laqués sont rangés ses papiers et quelques livres.

En passant par la galerie et la première entrée, on accède au salon juste à temps pour prendre le thé avec les amis.

Quand viendra l'heure du dîner, ils se dirigeront vers la salle à manger, mais le Pavillon Japonais ne comporte pas cette pièce qui présente un intérêt secondaire dans l'ensemble d'une habitation japonaise.

Au premier, sont situées les chambres. C'est là que les bureaux de la Section ont été installés. On y verra donc des meubles français, mais au Japon, dans une chambre à coucher, il n'y a rien que le « tokonoma » dont nous avons parlé. On couche sur des matelas superposés, rangés pendant le jour dans des placards. Le Japonais, avant tout amoureux de l'hygiène et de l'espace, est rigoureusement ennemi des meubles dans la pièce où il doit reposer. A la nuit, on dispose les matelas, les oreillers, la lampe et toutes les choses indispensables au dormeur. Dans la journée, la pièce est débarrassée de tout objet inutile.

Il s'ensuit que la viste de ces pièces offre peu d'intérêt. Toutefois, en s'adressant au Bureau, on peut les visiter.

La superficie du Pavillon comprend 158 mètres carrés. Le Pavillon est construit entièrement en bois, sur piliers de béton. 14 espèces de bois ont été employées avec, comme note dominante, le cyprès. Nul verni ni peinture ne recouvre les cloisons ou sculptures intérieures. Les bois ont été harmonisés suivant leur couleur naturelle.

Faute de place, nous n'avons pu disposer à l'entrée du Jardin un petit abri prévu dans les demeures japonaises, coin réservé aux chauffeurs et cochers qui attendent leurs maîtres. Nous n'avons pas construit non plus le « coffre-fort », généralement situé dans le Jardin, assez loin de la maison. C'est une cabane de dimensions variables, faite de murs très épais de terre battue, et hermétiquement close. C'est dans cette pièce

que les habitants renferment leurs objets de valeur pour les avoir à l'abri
de l'incendie toujours possible dans des maisons de bois.

Nous n'avons pu également faire monter la haie du Jardin aussi
haut que nous l'aurions voulu. Car la Maison Japonaise étant pour ainsi
dire ouverte de toutes parts, il convient, pour être chez soi, d'avoir un
jardin bien clos.

Le Pavillon du fond du Jardin est un endroit spécial pour la « cérémonie du thé ». Toute jeune fille japonaise de la bonne société doit savoir
« préparer le thé » suivant un protocole très rigoureux. Il s'agit en l'espèce
de confectionner avec le maximum de grâce et de douceur en accomplis-
sant chacun des gestes rituels, une infusion de « poudre de thé » ou
feuilles de thé pulvérisées. Dans une petite caisse laquée sont disposés les
objets nécessaires à cette préparation. L'eau est chauffée dans une
bouilloire disposée sur un fourneau à charbon de bois creusé dans le
parquet. Nous n'avons pas le loisir de nous étendre ici sur l'origine et
la pratique séculaire de la cérémonie du thé. Qu'il nous suffise d'insister
sur le charme que présentera, pour quelques Intimes réunis dans cette
petite pièce, le spectacle d'une gracieuse jeune fille s'efforçant de servir
à ses Hôtes, avec une douceur de gestes infinie, le thé préparé de ses
mains. On profitera de cette petite fête tout intime pour bavarder agréa-
blement et admirer les objets d'art que les Maîtres de la maison auront
disposés sur le « tokonoma » à l'intention de leurs Amis. Quelquefois
même, on se plaira tant dans cette petite salle qu'on s'y fera servir le
prochain repas.

Quant à la galerie de droite, elle n'existe généralement pas dans
l'Habitation Japonaise. Nous l'avons érigée à seule fin de montrer aux
visiteurs quelques objets d'art intéressants.

D'aucuns s'étonneront du peu de meubles exposés dans la maison.
Il nous faut donc insister sur ce point que les Japonais, non seulement
détestent la poussière provoquée par un grand nombre d'objets difficiles
à déplacer, mais encore adorent la simplicité par dessus tout. Plus une
pièce est nue et plus elle leur plaît. Nous possédons au Japon les essences
de bois les plus rares et aux meilleures conditions. Nous pourrions donc
fabriquer des meubles tout comme en Europe. Mais nos Maisons qui
sont plus petites que la Maison Européenne, et dont les cloisons sont
toutes mobiles, ne pourraient contenir plus de choses que celles que nous
sommes accoutumés d'y mettre. Il en résulterait en effet un encombre-

ment incompatible avec notre amour de l'hygiène et de la propreté, avec les conditions de vie excellentes pour notre tempérament et nos mœurs que nous procure la maison ouverte de toutes parts si nous le désirons, ou hermétiquement close par ses doubles parois, si les rigueurs de la saison nous y obligent.

Enfin, dans l'impossibilité de construire des cheminées dans nos fragiles maisons, d'y installer des poëles ou autres appareils de chauffage présentant un trop grand risque d'incendie, nous assurons le chauffage par des appareils électriques les plus perfectionnés ou des radiateurs à gaz. Nous n'avons pas jugé utile d'exposer ici ces modes de chauffage qui n'ont rien d'imprévu pour le Visiteur Européen.

On pourra s'étonner de ne pas pénétrer dans la Maison et de rester dans le Jardin pour voir l'Intérieur. C'est que le visiteur européen ne pourrait y entrer sans enlever ses chaussures. Nous ne marchons en effet jamais dans nos maisons qu'avec des pantoufles. C'est ce qui explique pourquoi on aperçoit sur la pierre d'entrée de la dernière pièce à droite, « Salon de Monsieur », des « guéta », socques de bois qui permettent aux habitants de se rendre dans le Jardin et dans la rue, et qui sont aussi vite mises qu'enlevées, ce qui est pour nous indispensable.

Les chaises n'existent pas dans un intérieur japonais. On s'assied sur des coussins. Cette façon de s'asseoir justifie les tables basses. A ce propos, nous nous permettrons de démentir une légende généralement trop bien accueillie et suivant laquelle les Japonais seraient tous petits. Les Japonais sont au contraire très différents les uns des autres, suivant les provinces dont ils sont originaires ; et de même qu'un Marseillais ne ressemble pas à un Picard, de même chez nous la taille des Individus est un élément fort variable, et on y rencontre des hommes grands, moyens et petits dans la même proportion qu'en France. Nous en appelons à tous les Européens qui ont honoré notre Pays de leur visite.

Enfin la Maison Japonaise exposée ne comprend pas de cave. On garde éventuellement le « saké » ou vin de riz, dans une pièce attenant aux cuisines, et pour les objets à conserver au frais pendant l'été, les glacières suppléent au cellier.

Tout ce qui a servi à ériger les Pavillons, et jusqu'aux plantes et lanternes de pierre du jardin, a été apporté du Japon. Des ouvriers charpentiers, menuisiers, ébénistes, couvreurs, jardiniers, choisis parmi les meilleurs, sont venus tout spécialement à Paris pour tout mettre en place. L'ensemble est donc purement japonais dans notre section.

Nous terminerons en signalant à ceux qui s'intéressent à notre genre de vie, que les villes japonaises ne comportent pas d'Immeubles d'Habitation. Les Immeubles à sept ou huit étages sont réservés au Commerce et aux Administrations. Pour l'Habitation Privée, chacun possède ou loue une petite maison plus ou moins grande, suivant ses moyens. Il en résulte que dans les quartiers les plus populeux et les plus pauvres, l'aération et la propreté du logis sont assurées. Et on se rend compte aussi de l'étendue énorme des Villes Japonaises, quand on songe que, par exemple, TOKIO, la Capitale, est deux fois plus étendue que Paris, bien que comptant un chiffre de population inférieur.

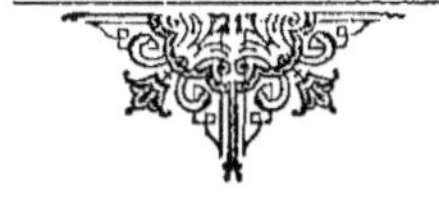

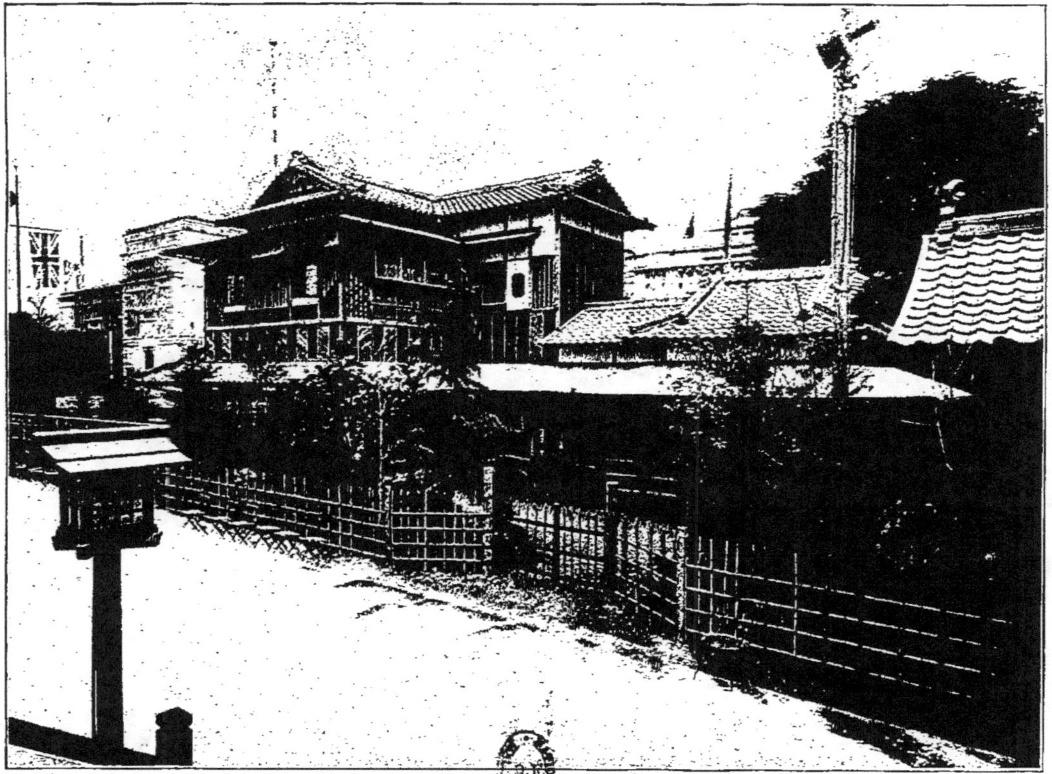

PAVILLON JAPONAIS
Vue d'ensemble.

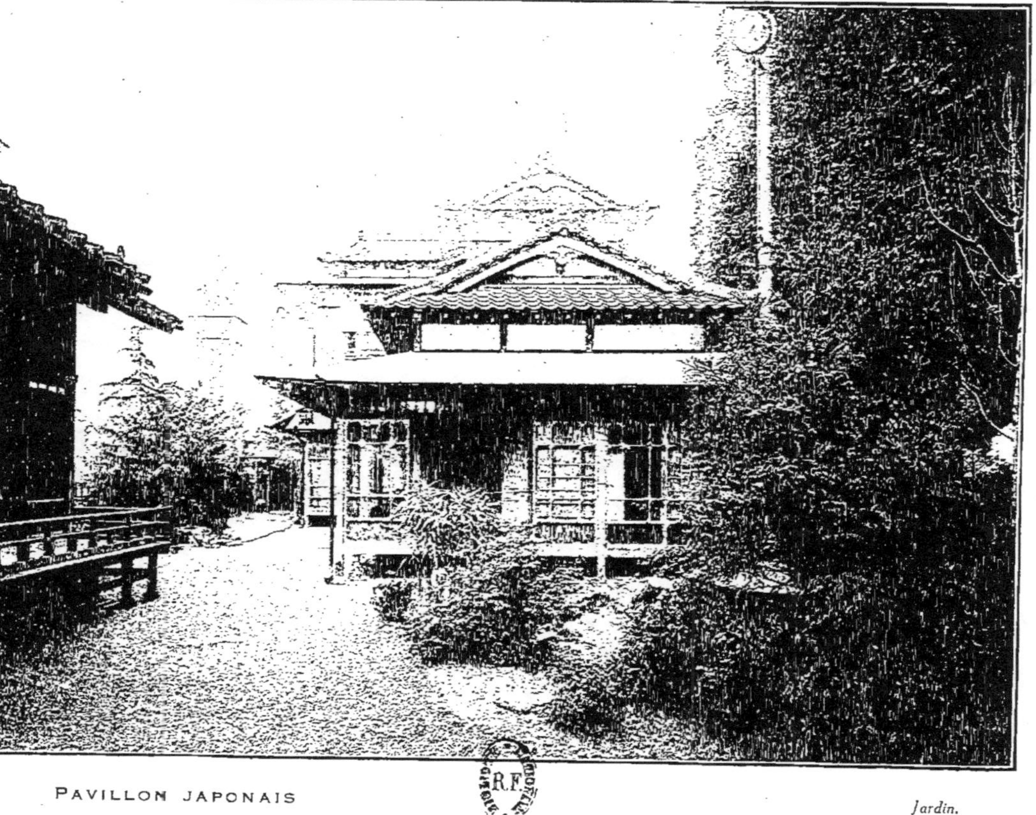

PAVILLON JAPONAIS   Jardin.

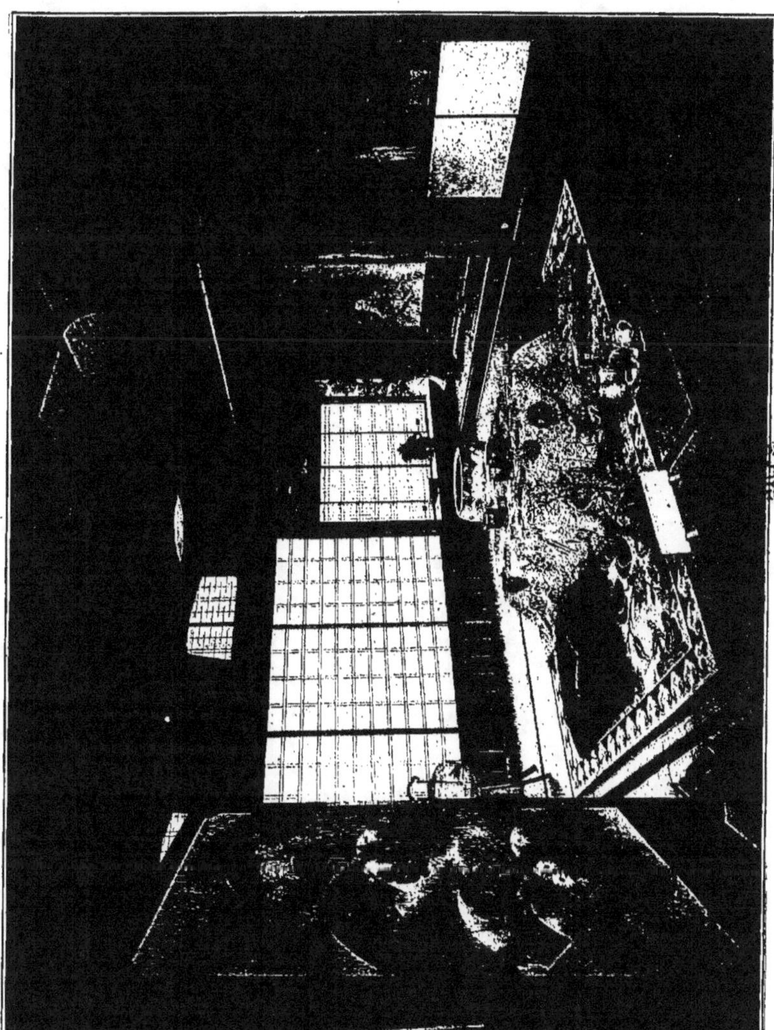

PAVILLON JAPONAIS

Salon.

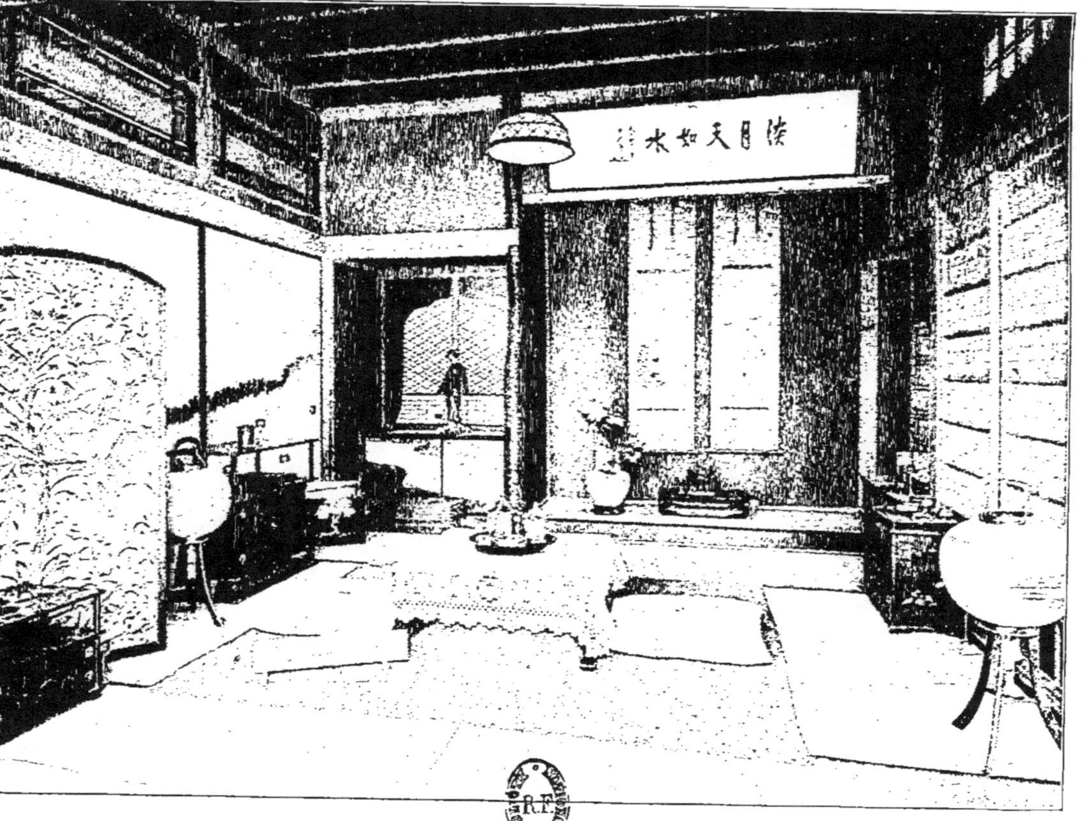

PAVILLON JAPONAIS

Cabinet de Travail.

OBJETS EXPOSÉS

La plupart des objets exposés à la Section Japonaise de l'Exposition des Arts Décoratifs, tout en étant l'expression de l'art le plus moderne qui se soit manifesté jusqu'ici au Japon, restent très caractéristiques de technique et de goût. Ils ont été exécutés par des artistes choisis dans tout l'Empire. Les matériaux utilisés sont ceux qui abondent dans le pays.

Les artistes japonais se modernisent de plus en plus en ce qui concerne le mode d'exécution de leurs travaux, et ceci dans un but de simplification autant que de vulgarisation de l'art décoratif moderne. Cette sorte d'industrialisation des travaux d'art donnant cependant des résultats plus ou moins heureux au point de vue purement artistique, nous n'avons exposé que peu d'objets nés de ces méthodes nouvelles de travail en série ; et la plupart des pièces offertes au public sont les chefs-d'œuvre uniques des maîtres les plus connus du Japon, qui conservent encore les traditionnelles vertus de patience, d'habileté et de conscience des vieux artistes japonais.

POTERIES

L'art de la poterie s'est développé considérablement au Japon depuis des siècles. Il est peu d'endroits qui ne produisent la porcelaine, la faïence et les grès. Quelques noms de pays producteurs connus sont à retenir : SETO, KIYOMIZU, AWATA, ARITA, IMARI, BANKO, KUTANI, AWAJI, IZUMO, SATSUMA, MAKUZU, HAKATA.

Les objets exposés comptent parmi les plus purs chefs-d'œuvre des maîtres de chaque contrée. Chacune des pièces est un spécimen de leurs qualités et de leur habileté respectives.

LAQUE

Chacun sait que le travail de la Laque est depuis des siècles un des arts dans lesquels les Japonais sont passés maîtres.

L'art du Laqueur est une chose extrêmement minutieuse et longue. C'est une œuvre de patience et d'adresse.

Le « corps » d'un objet de laque est généralement en bois, parfois en lamelles de bambou, et, plus récemment, en papier mâché. Il est revêtu de plusieurs couches de laque ; quelquefois même, pour obtenir un très beau travail, l'artiste doit étendre plusieurs dizaines de couches, jusqu'à ce que le résultat désiré soit atteint.

La décoration des objets de laque se compose de dessins exécutés au pinceau, et d'incrustations diverses : métaux, pierres précieuses, nacre, etc...

Certains objets sont formés d'un bloc de laque pure, obtenu par l'application successive de nombreuses couches, et travaillé après coup, comme, par exemple, cette jatte à gâteaux signée NAKAGAWA Tetsuya, et exposée aux Invalides.

Certaines autres pièces sont formées d'un fond mince revêtu d'une forte épaisseur de laque ; elles sont également travaillées après coup. La « Kôgô » (boîte à encens) signée par Tsuishu Yoshei, exposée au Pavillon National (Salon de Monsieur) est un specimen de ce genre de travail.

Enfin, la petite étagère de Goto Unkiu, exposée également au Pavillon, est le type du travail qui consiste à sculpter au préalable un objet dans le bois, pour le revêtir ensuite des couches de laque nécessaires.

Tous les objets de laque exposés sont dus aux artistes japonais les plus connus. Ils sont en tous points dignes de retenir l'attention des visiteurs.

TISSUS ET BRODERIES

Le Japon est, par excellence, un pays séricicole. L'industrie de la soie y est donc la plus florissante de toutes. Cependant on ne verra pas, à l'Exposition, un grand nombre de hautes soieries représentatives de chaque contrée. Ceci parce que la fabrication des tissus de soie destinés à la consommation européenne étant très différente de celle des étoffes destinées à la consommation nationale, il s'ensuit un bouleversement dans l'agencement des métiers que nous n'avons pas eu le temps d'accomplir sur une échelle suffisamment importante.

La dextérité étonnante des brodeurs japonais leur permet d'exécuter des travaux remarquables par leur finesse et leur harmonie. C'est ainsi que les paravents, les tentures et les tableaux exposés au Pavillon imitent les peintures les plus fines.

TAPISSERIES

La Manufacture de Kawashina produit des tapisseries de soie connues du monde entier.

Un beau specimen est exposé sur la table du milieu, dans le salon de réception du Pavillon.

On pourra également admirer au Grand-Palais une tenture murale due à l'artiste Yamaka Séika.

CLOISONNÉ

Le travail des émaux cloisonnés est particulièrement florissant dans les villes de KYOTO et de NAGOYA. Un village de la banlieue de Nagoya fut même débaptisé il y a quelques années, pour être désormais appelé Cloisonné (en Japonais : SHIPPO) tellement il comptait peu d'habitants qui ne se soient mis à ce genre de travail.

Comme beaux specimens de cloisonné, citons la boîte de l'artiste Inaba Shichiho (avec le contour des dessins apparents), et le vase d'Ando Jubei (sans contours de dessins).

MÉTAUX

Une grande variété d'objets de fonte, de bronze, de fer repoussé, d'orfèvrerie, etc..., tous incrustés, sculptés, ciselés ou damasquinés est offerte à l'appréciation des visiteurs.

Sasaki Shôdô expose au Grand Palais quelques beaux specimens de vases de bronze.

A remarquer les candélabres de fer repoussé d'Ishida Eiichi (Grand Palais) et les boîtes de même métal, de Takase Kôzan.

MARQUETTERIE, BOIS TRAVAILLÉ, VANNERIE

Les artistes Japonais ont acquis une grande finesse dans l'art de la marqueterie. Le paravent d'Aoyama Taiseki exposé au Pavillon, en est un beau specimen. On remarquera que les tons du dessin sont obtenus par l'assemblage de bois de différentes couleurs.

Quelques poupées et objets divers de bois sculpté sont à voir. Enfin des tables et divers petits meubles également en bois sculpté ou incrusté sont également exposés.

Bien que le bambou soit un bois qui se soumette difficilement aux exigences de la vannerie, les artisans japonais sont arrivés à le travailler d'une façon artistique. Tout ce qui est exposé comme vannerie est dû aux maîtres de chaque région.

IVOIRE, ÉCAILLE, NACRE

Petites statuettes, figurines et divers objets d'ivoire. A remarquer un aigle d'ivoire aux ailes éployées, exposé au Grand Palais, par Saito Shoichirô.

Peignes, parures et brosses en écaille. Citons, parmi d'autres, ceux d'Ezaki Eizo.

Quelques jolis objets de nacre.

BIJOUTERIE

Colliers de perles fines cultivées, bagues, etc. Entre autres fabricants, citons la maison Mikimoto.

Bijoux de corail, dont quelques-uns de Kikuchi Mohei et de Yoda Chujirô.

CATALOGUE GÉNÉRAL

DE LA

SECTION JAPONAISE

PAVILLON NATIONAL

EXPOSANT :

ASSOCIATION INDUSTRIELLE DU JAPON A TOKIO

Architectes : YAMADA Shichigoro; MIYAMOTO Iwakichi ;
Exécuté par : SHIMADA Tokichi.

I. — BATIMENT PRINCIPAL

a) GRAND VESTIBULE

No   1. — Cl. 11. — *Porte-parapluies en faïence* (385 fr.);
    Inouyé Fusataro.

No   2. — Cl. 13. — *Paravent, peinture à l'aiguille* (28.000 fr.);
    Tanaka Rishichi.

No   3. — Cl. 14. — *Abat-jour* (120 fr.);
    Teshigawara Naojiro.

No   4. — Cl. 11. — *Vase à fleurs en faïence* (14.440 fr.);
    Uno Jimmatsu.

No   5. — Cl. 8. — *Table laquée*,
    Mikami Jisaburo.

No   6. — Cl. 13. — *Tapis de table en soie « Tsuzure-no-Nishiki »*
    Kawashima Jimbei.   (43.300 fr.);

No   7. — Cl. 14. — *Lanterne « Ouchi »* (140 fr.);
    Ozeki Gishichi.

No   8. — Cl. 9. — *Paysage incrustation écaille et nacre (encadré)*
    Miyagawa Meishun.   (15.720 fr.);

No   9. — Cl. 9. — *Défense en ivoire sculpté, avec support* (33.000 fr.);
Nomura Tomekichi.

No 10. — Cl. 10. — *Petit vase à fleurs en bronze et socle* (2.400 fr.);
Nomori Yasutaro.

No 11. — Cl. 3. — *Feuilles de contreplaqué pour plafond* ;
Ito Koichi.

b) SALON

No 12. — Cl. 3. — *Linteaux en bois de Kastsura* (11.550 fr.);
Yamamoto Zuiun.

No 13. — Cl. 3. — *Feuilles de contreplaqué pour plafond (système Asano)*
Asano Kichijiro.   (3.450 fr.);

No 14. — Cl. 8. — *Ecran peinture laquée* (12.100 fr.);
Umezawa Junzaburo.

No 15. — Cl. 8. — *Paravent en marqueterie* (48.100 fr.);
Aoyama Taiseki.

No 16. — Cl. 13. — *Peinture à l'aiguille sur fond de soie or* (10.100 fr.);
Tanaka Rishichi.

No 17. — Cl. 14. — *Lanterne « Ouchi »* (140 fr.);
Ozeki Gishichi.

No 18. — Cl. 11. — *Brasero en porcelaine* (1.280 fr.);
Eto Ruitaro.

No 19. — Cl. 13. — *Tapis de coton*,
Yoshida Shikanosuke.

No 20 — Cl. 13. — *Tapis de table en soie* (24.080 fr.);
Nishimura Jihei.

No 21. — Cl. 9. — *Service de fumeur laqué* (6.100 fr.);
Yasuhara Shoso.

No 22. — Cl. 10. — *Service à thé en argent* (7.500 fr.);
Nagaike Tadakatsu.

No 23. — Cl. 10. — *Boîte à cigarettes en cuivre incrustée d'or et d'argent*
Onojima Tomobumi.   (9.500 fr.);

No 24. — Cl. 11. — *Lion en faïence* (2.430 fr.);
Tokuda Yasokichi.

No 25. — Cl. 11. — *Vase en faïence* (440 fr.);
Shigaraki Toki Dogyo Kumiai.

No 26. — Cl. 10. — *Coffret à bijoux en métaux précieux* (12.000 fr.);
Unno Kiyoshi.

No 27. — Cl. 8. — *Support laqué* (7.690 fr.);
Tsuruta Wasaburo.

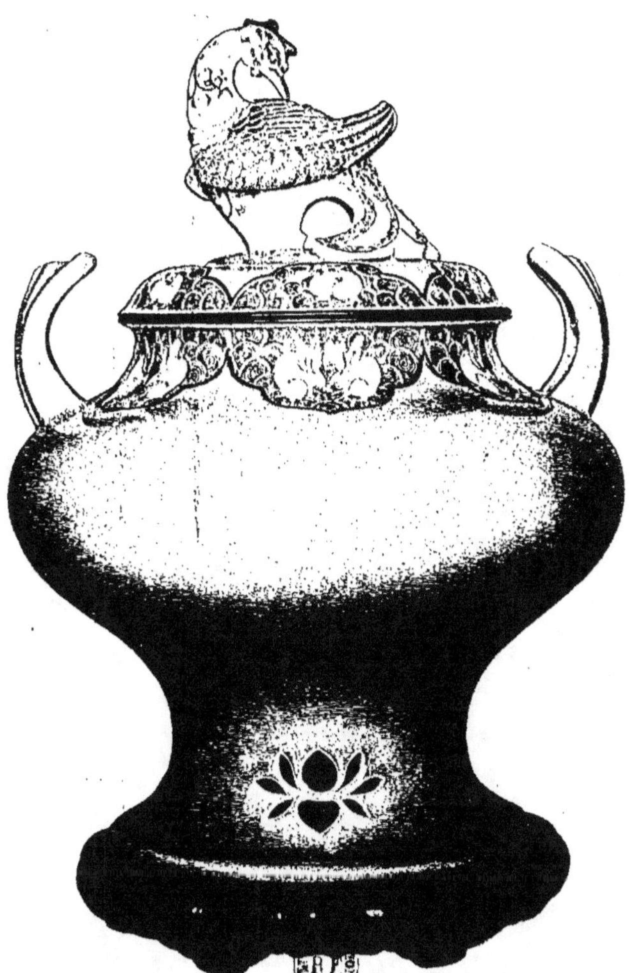

BRULE-PARFUMS EN PORCELAINE

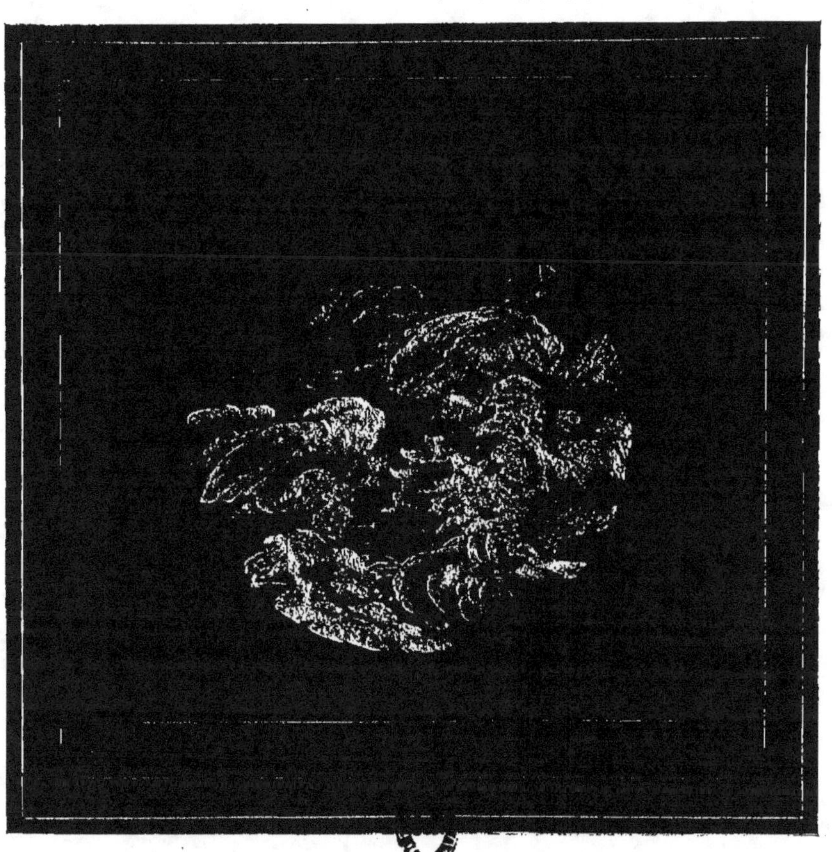

PLAT DÉCORATIF EN FAIENCE, ENCADRÉ

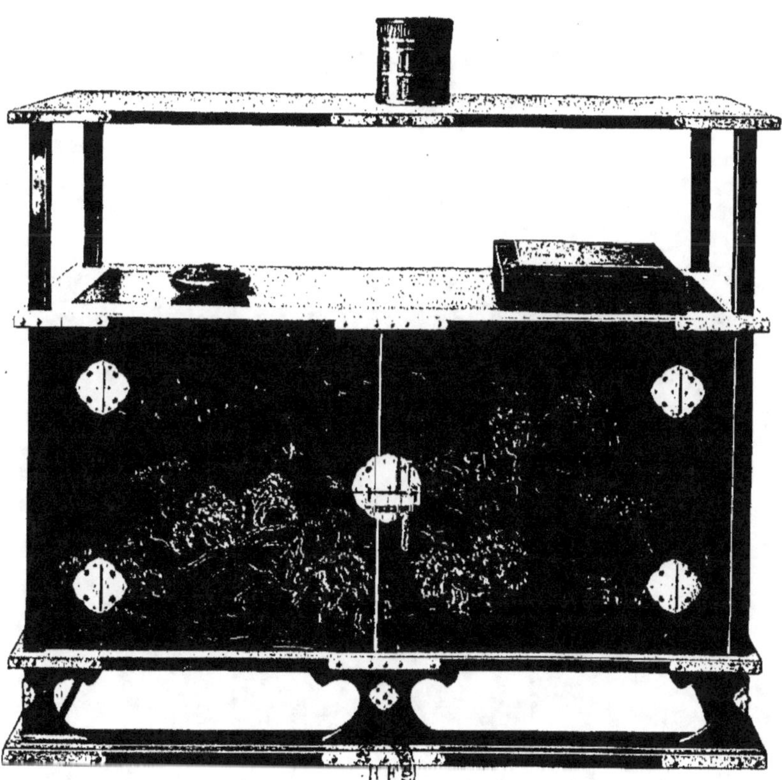

ÉTAGÈRE LAQUÉE AVEC DESSIN EN RELIEF "*MAKIE*"

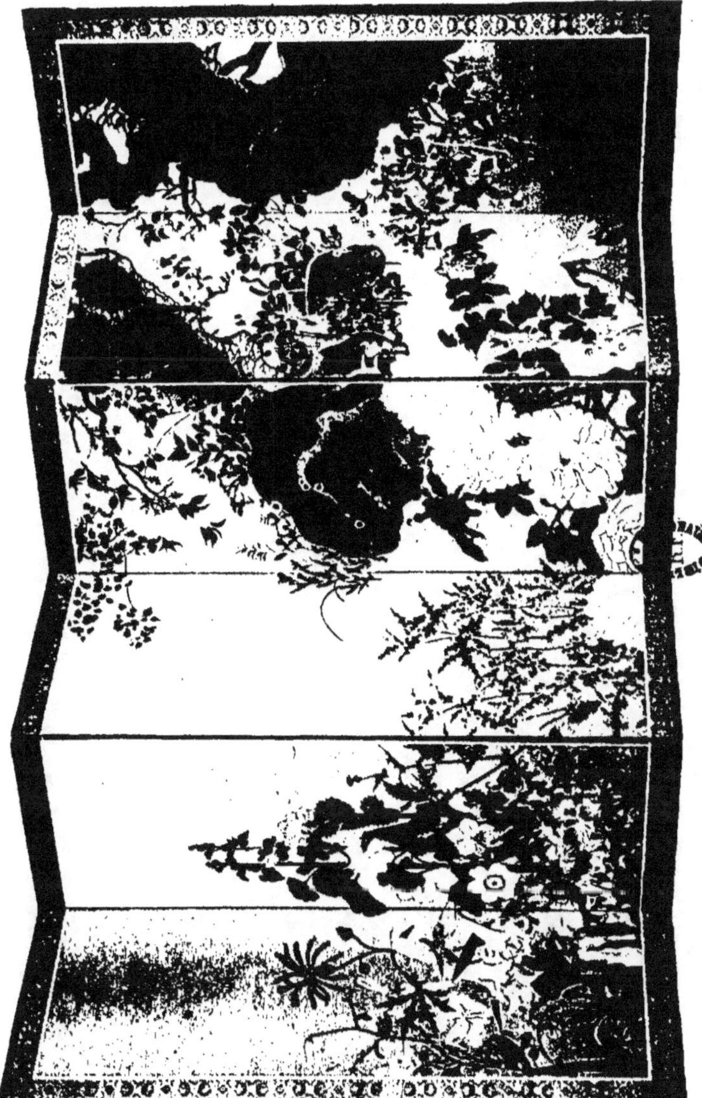

PARAVENT, PEINTURE A L'AIGUILLE

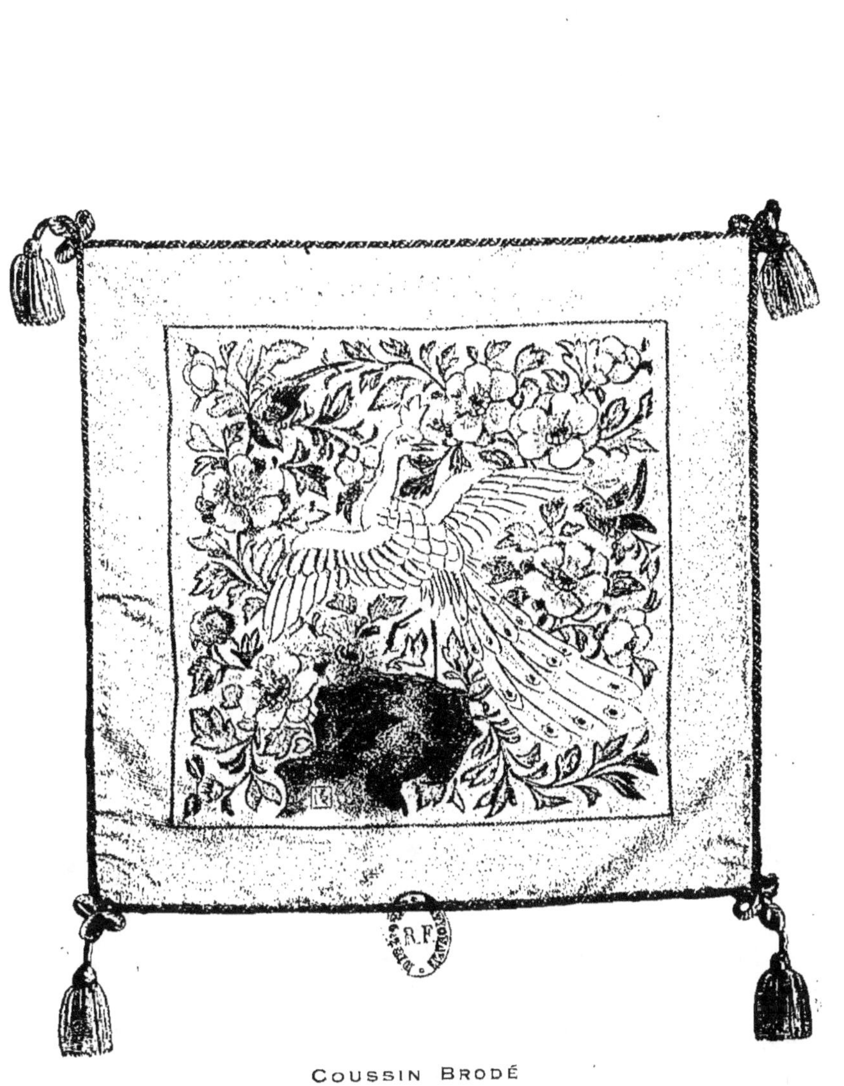

COUSSIN BRODÉ

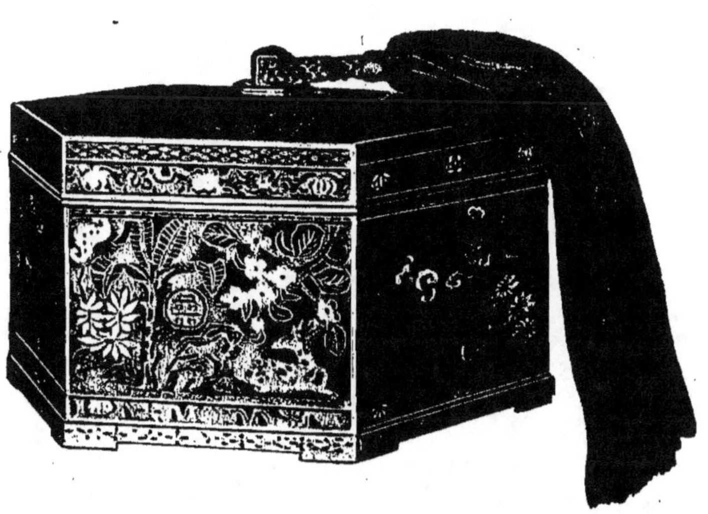

COFFRET A BIJOUX EN ÉMAIL CLOISONNÉ

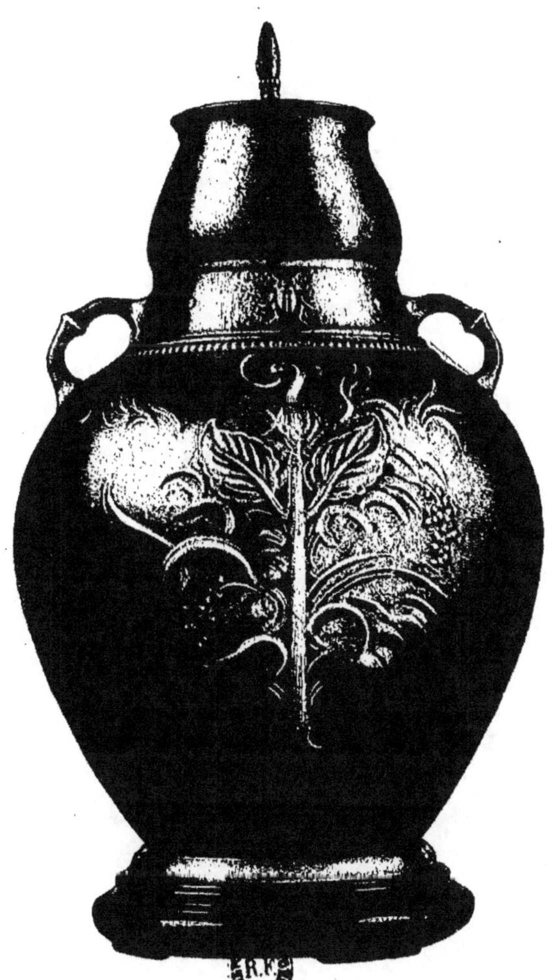

POT ARGENT DÉCORÉ

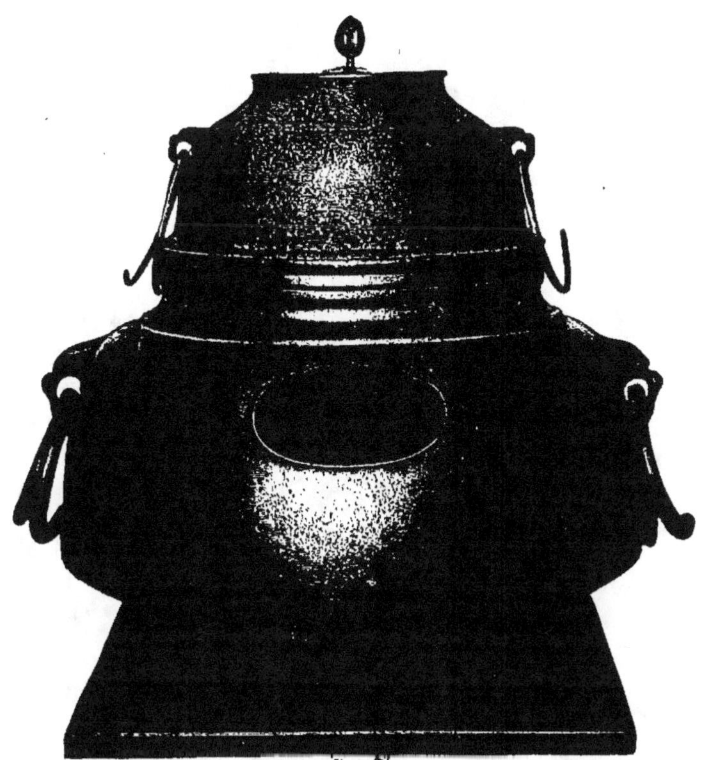

BOUILLOIRE EN FONTE AVEC BRASERO

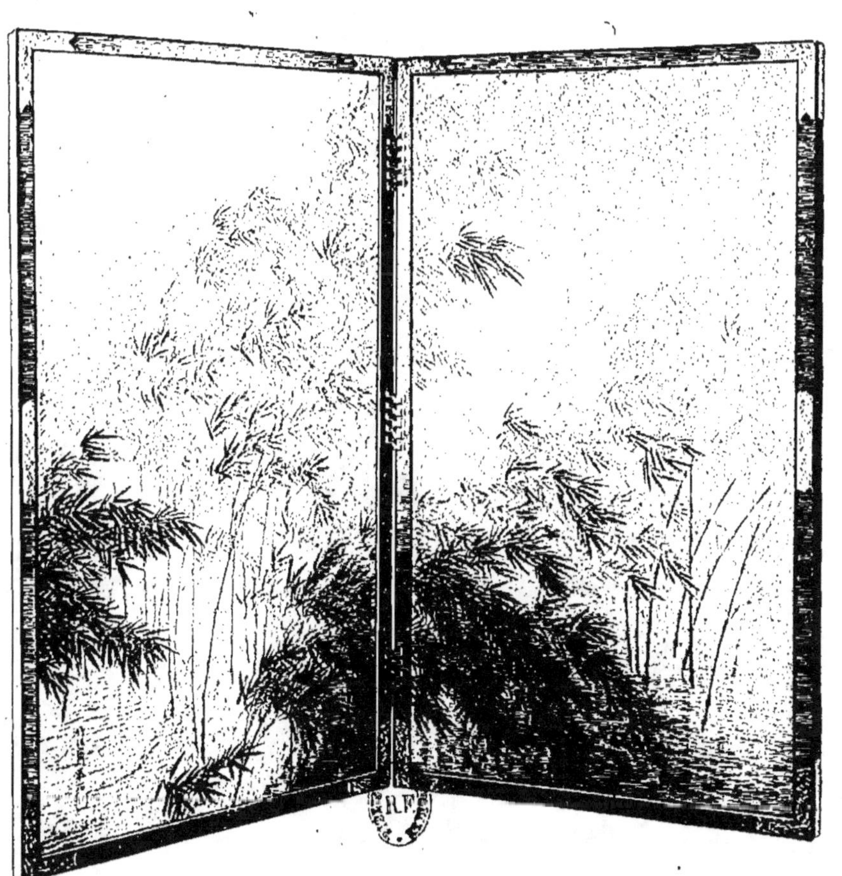

PARAVENT EN MARQUETERIE

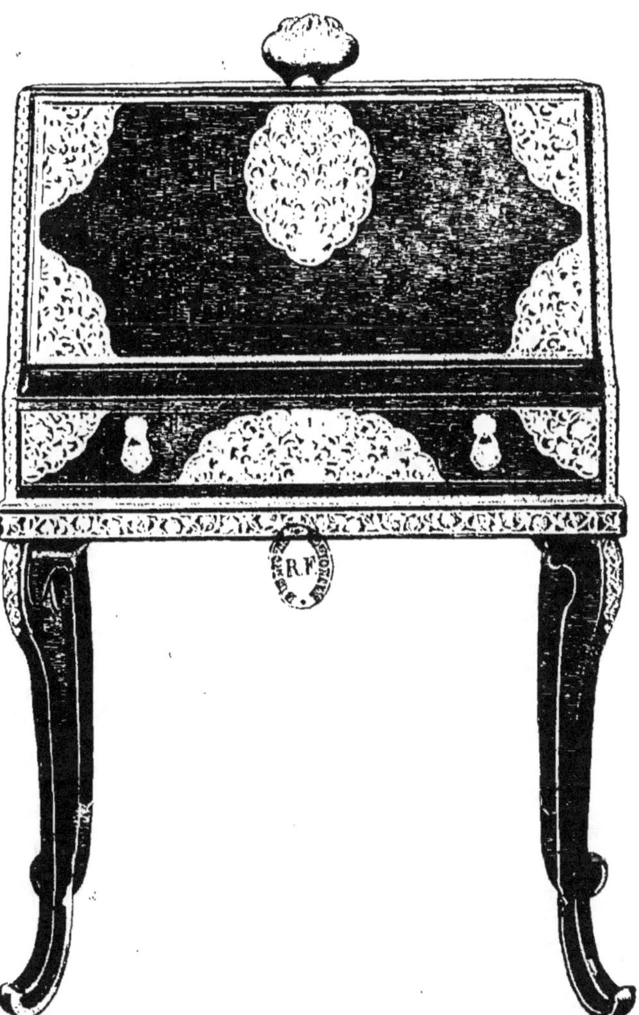

SECRÉTAIRE EN SANTAL ROUGE

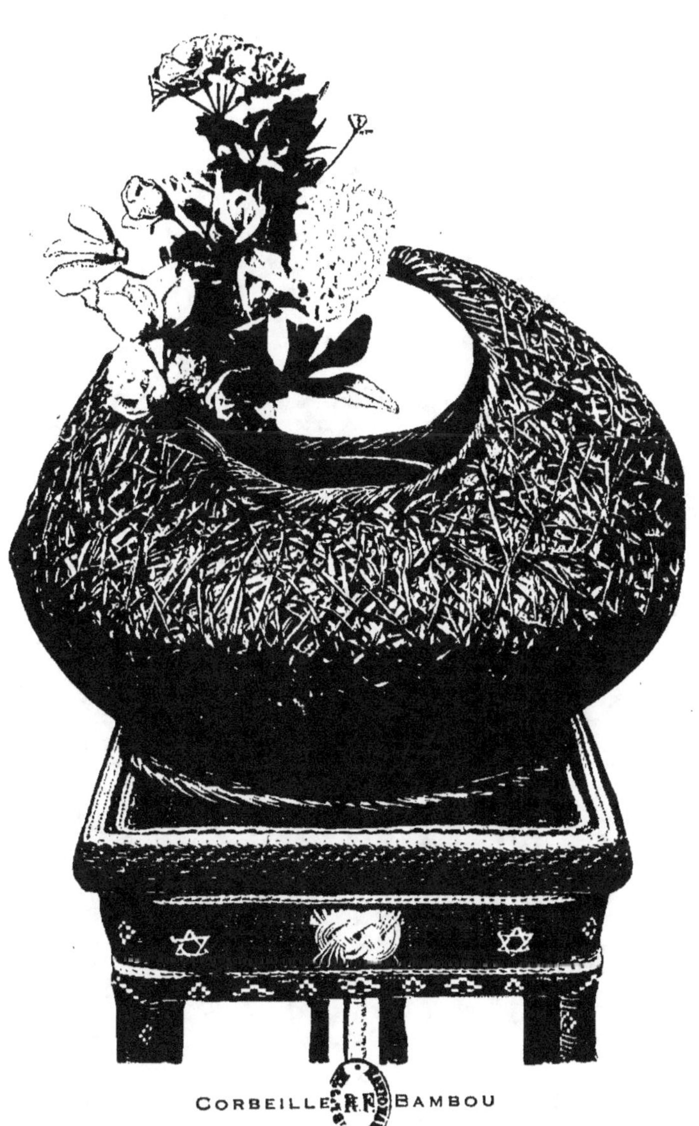

CORBEILLE EN BAMBOU

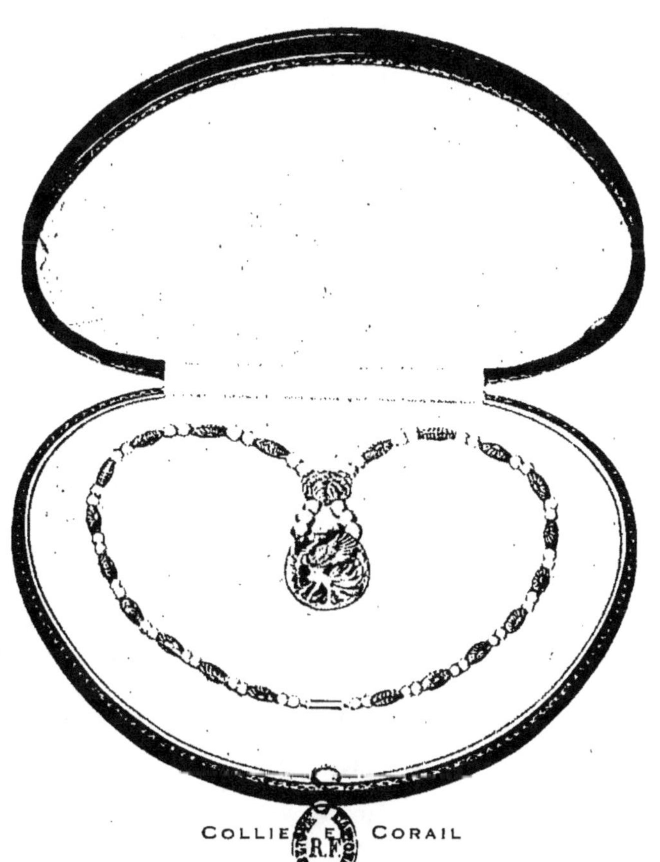

COLLIER EN CORAIL

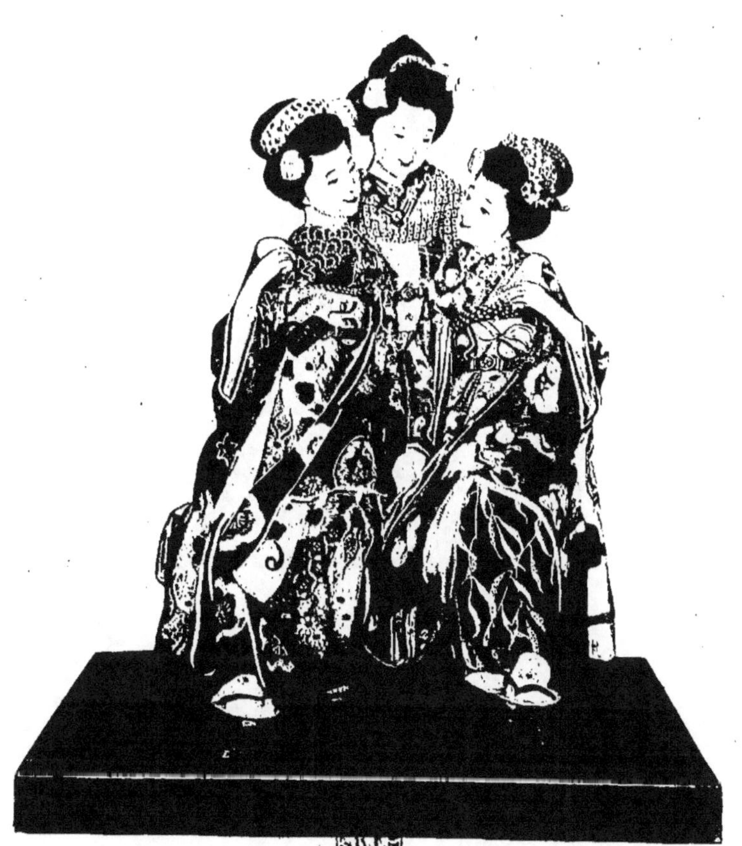

STATUETTE EN TERRE CUITE " HAKATA-NINOYO "

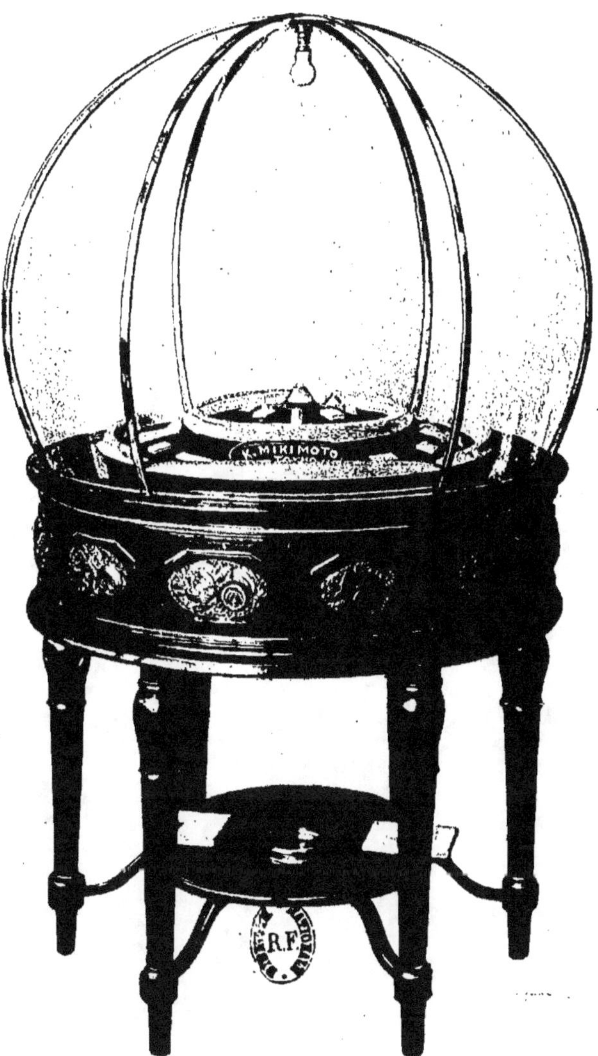

PARURES DE PERLES FINES

No 28. — Cl. 11. — *Brûle-parfums en porcelaine* (615 fr.);
EMOTO Gyoshu.
No 29. — Cl. 11. — *Brûle-parfums en porcelaine* (540 fr.);
AKIYAMA Jisaku.
No 30. — Cl. 8. — *Boîte laquée « Makié »* (33.650 fr.);
YANAGISAWA Ippo.
No 31. — Cl. 9. — *Statuette en ivoire sculpté avec support* (11.000 fr.);
SAITO Shoichiro.

c) PETIT VESTIBULE

No 60. — Cl. 11. — *Vase à fleurs en porcelaine et socle* (7.850 fr.);
ITO Tozan.
No 61. — Cl. 14. — *Lanterne « Ouchi »* (la paire : 1.210 fr.);
TESHIGAWARA Naojiro.
No 62. — Cl. 11. — *Porte-parapluies en faïence* (385 fr.);
INOUYE Fusataro.
No 63. — Cl. 8. — *Paravents à 6 feuilles* ;
HIGUCHI Hikozaemon.
No 64. — Cl. 8. — *Corbeille suspension à fleurs en bambou* (12.000 fr.);
TANABE Tsuneo.
No 65. — Cl. 10. — *Vase en bronze* (4.830 fr.);
HIRANO Kichibei.

d) BOUDOIR

No 32. — Cl. 16. — *Assortiment de poupées* (la série : 388 fr.);
YOKOYAMA Shozo.
No 33. — Cl. 16. — *Raquettes japonaises* (assortiment de 5 pièces :
MUSHA Mannosuke.   1.730 fr.);
No 34. — Cl. 9. — *Boîte à papier* ;
KUMAGAI Daijiro.
No 35. — Cl. 11. — *Vase en faïence* (2.880 fr.);
YABU Meizan.
No 36. — Cl. 15. — *Kakemono, gravure sur bois* (483 fr.);
NIPPON MOKUBAN INSATSU KWAISHA.
No 37. — Cl. 14. — *Lanterne « Ouchi »* (la paire : 2.130 fr.);
TESHIGAWARA Naojiro.
No 38. — Cl. 8. — *Boîte à papier laquée* (14.420 fr.);
KODA Shuetsu.

N° 39. — Cl. 9. — *Coffret à bijoux en bois ;*
KUMAGAI Daijiro.

N° 40. — Cl. 8. — *Boîte à encrier japonais laquée ;*
IKOMA Hiroshi.

N° 41. — Cl. 8. — *Petit meuble en bois laqué* (4.810 fr.);
NAKAHARA Motosuke.

N° 42. — Cl. 8. — *Boîte à papier laquée, avec incrustations de nacre*
MIKAMI Jisaburo.   (6.970 fr.);

N° 43. — Cl. 13. — *Peinture à l'aiguille encadrée ;*
TANAKA Rishichi.

N° 44. — Cl. 9. — *Coffret à bijoux laqué « Makié »* (10.570 fr.);
NISHIMURA Hikobei.

N° 45. — Cl. 8. — *Plateau sculpté* (3.600 fr.);
ASHIDA Shinshichi.

N° 46. — Cl. 8. — *Plateau avec rebord* (2.420 fr.);
ASHIDA Shinshichi.

N° 47. — Cl. 8. — *Etagère décorative en mûrier* (43.230 fr.);
MAEDA Nansai.

N° 48. — Cl. 9. — *Coffret à bijoux en bois laqué* (1.440 fr.);
MARUYAMA Josho.

N° 49. — Cl. 9. — *Coffret laqué* (460 fr.);
NISHIMURA Hikobei.

N° 50. — Cl. 9. — *Boîte à cigarettes en bambou et laque* (200 fr.);
SASAKI Tokusai.

N° 51. — Cl. 10. — *Aiguière en argent* (9.360 fr.);
KAWACHI Somei.

N° 52. — Cl. 10. — *Brasero avec bouilloire en fonte* (1.930 fr.);
HIRADATE Seizo.

N° 53. — Cl. 11. — *Service à thé en faïence* (1.520 fr.);
TAKAHASHI Seizan.

N° 54. — Cl. 8. — *Plateau sculpté* (3.600 fr.);
ASHIDA Shinshichi.

N° 55. — Cl. 20. — *Robes japonaises « Kimono »* (2 pièces : 17.840 fr.);
HIROOKA Ihei.

N° 56. — Cl. 20. — *Robe de dessous ;*
URATA Seizo.

N° 57. — Cl. 8. — *Plateaux laqués ;*
NAKAMURA Kaju.

N° 58. — Cl. 8. — *Cage en bambou* (1.210 fr.);
SAKAKIBARA Genzaburo.

N° 59. — Cl. 8. — *Lanterne-suspension en bois* (1.160 fr.);
NISHIDA Masayoshi.

Nº 66. — Cl. 13. — *Paravent en indienne* (15.700 fr.);
HIROKAWA Matsugoro.

Nº 67. — Cl. 8. — *Petite étagère sculptée et laquée dite « Kamakurabori »*
GOTO Unkyu.   (4.235 fr.);

Nº 68. — Cl. 14. — *Lanterne « Ouchi »* (la paire : 1.670 fr.);
TESHIGAWARA Naojiro.

Nº 69. — Cl. 8. — *Boîte à cigarettes laquée* ;
INAGAKI Magoichiro.

Nº 70. — Cl. 9. — *Boîte à encens en laque sculptée* (3.600 fr.);
TSUISHU Yosei.

Nº 71. — Cl. 8. — *Boîte à encrier japonais* ;
YAMAZAKI Kakutaro.

Nº 72. — Cl. 8. — *Etagère en laque* (30.100 fr.);
ROKKAKU Chutaro.

Nº 73. — Cl. 11. — *Statuette en faïence* (7.700 fr.);
MIYANAGA Tozan.

Nº 74. — Cl. 11. — *Vase à fleurs en porcelaine, et socle* (6.250 fr.);
SUWA Sozan.

Nº 75. — Cl. 10. — *Brûle-parfums en argent* (7.500 fr.);
MIZUNO Genroku.

Nº 76. — Cl. 8. — *Support de statuette laquée* (3.610 fr.);
KAWAI Shintaro.

Nº 77. — Cl. 11. — *Garniture de bureau en faïence* ;
IMOTO Beisen.

Nº 78. — Cl. 10. — *Nécessaire de bureau* (10.530 fr.);
KATORI Hidezane.

Nº 79. — Cl. 8. — *Etagère laquée avec dessin en relief « Makié »*
TOSHIMA Kofu.   (24.100 fr.);

Nº 80. — Cl. 11. — *Service de fumeur en faïence* (1.770 fr.);
ITO Suiko.

Nº 81. — Cl. 13. — *Dentelle de coton* (133 fr.);
HANIU Naosuke.

Nº 82. — Cl. 13. — *Tapis de coton* (395 fr.);
IWASAKI Kyuhei.

Nº 83. — Cl. 8. — *Cage en bambou* (3.610 fr.);
SAKAKIBARA Genzaburo.

II. — CHALET POUR LA CÉRÉMONIE DU THÉ.

Nº 113. — Cl. 11. — *Service à thé en faïence* (3.000 fr.);
KATO Shunji.
Nº 114. — Cl. 10. — *Bouilloire en fonte* (465 fr.);
KIKUCHI Kumaji.
Nº 115. — Cl. 8. — *Assiette à gâteaux en laque* ;
KOIWA Komei.
Nº 116. — Cl. 11. — *Vase en faïence sur socle* (960 fr.);
NAKAMURA Shigeru.

III. — JARDIN

Nº 117. — Cl. 11. — *Grues en faïence* (les deux : 2.490 fr.);
KUDO Ichitaro.
Nº 118. — Cl. 11. — *Siège de porcelaine* (277 fr.);
SETO TOJI KOSHO DOGYO KUMIAI.
Nº 119. — Cl. 11. — *Siège en faïence* (210 fr.);
SHIGARAKI TOKI DOGYO KUMIAI.
Nº 120. — Cl. 11. — *Sièges de porcelaine* (1.490 fr.);
FUKAGAWA SEIJI KAISHA.

IV. — GALERIE D'EXPOSITION

Nº 84. — Cl. 13. — *Peinture à l'aiguille encadrée* (15.540 fr.);
HASHIO Kiyoshi.
Nº 85. — Cl. 13. — *Paravent peinture à l'aiguille* (56.220 fr.);
NISHIMURA Sozaemon.
Nº 86. — Cl. 10. — *Vase à fleurs en argent* (3.390 fr.);
NISHIMURA Yasubei.
Nº 87. — Cl. 10. — *Vases en émail cloisonné* (la paire : 24.000 fr.);
ANDO Jubei.
Nº 88. — Cl. 8. — *Boîte à encrier japonais laquée « Makié »* (12.100 fr.);
YUKIO Yukio.

N° 89. — Cl. 11. — *Service à thé en porcelaine, sur plateau en bois*
      Ishino Ryuzan.   *sculpté* (6.630 fr.);

N° 90. — Cl. 8. — *Petite étagère d'angle laquée* (19.200 fr.);
      Minegishi Hoko.

N° 91. — Cl. 10. — *Brûle-parfums cuivre et argent* (18.700 fr.);
      Iida Katsumi.

N° 92. — Cl. 11. — *Portrait en porcelaine, encadré* ;
      Shimizu Rokubei.

N° 93a. - Cl. 13. — *Peinture à l'aiguille encadrée* (1.990 fr.);
      Takashimaya Gofukuten.

N° 93b. - Cl. 13. — *Peinture à l'aiguille, encadrée* (2.380 fr.);
      Takashimaya Gofukuten.

N° 93c. - Cl. 13. — *Peinture à l'aiguille, encadrée* (1.200 fr.);
      Takashimaya Gofukuten.

N° 94. — Cl. 13. — *Peinture à l'aiguille, encadrée* (6.100 fr.);
      Tanaka Rishichi.

N° 95. — Cl. 13. — *Paravents, peinture à l'aiguille* (la paire : 71.800 fr.);
      Takashimaya Gofukuten.

N° 96. — Cl. 10. — *Coupe à fleurs en argent, sur socle* (10.250 fr.);
      Hirata Juko.

N° 97. — Cl. 8. — *Bassin laqué* (4.600 fr.);
      Kawanobe Ichimei.

N° 98. — Cl. 11. — *Vase en porcelaine* (2.310 fr.);
      Seifu Yohei.

N° 99. — Cl. 16. — *Statuette* (1.805 fr.);
      Shimizu Katsuzo.

N° 100. — Cl. 10. — *Timbre en argent* (7.490 fr.);
      Isozaki Yoshitsugu.

N° 101. — Cl. 10. — *Plateau en argent* (6.240 fr.);
      Yoshida Kinya.

N° 102. — Cl. 11. — *Vases décoratifs en faïence, sur socle*
      Chin Jukan.   (la paire : 38.400 fr.);

N° 103. — Cl. 8. — *Plateau laqué « Makié »* (6.250 fr.);
      Tsuzuki Kosai.

N° 104. — Cl. 10. — *Aiguières en argent, avec incrustations* (la paire :
      Nakajima Yasuyoshi.   13.730 fr.);

N° 105. — Cl. 10. — *Vase en fer*;
      Takahata Toyotaro.

N° 106. — Cl. 10. — *Coffret à bijoux en bois plaqué argent* (10.300 fr.);
      Ishikawa Katsunobu.

N° 107. — Cl. 11. — *Coupe à fruits en faïence* (2.160 fr.);
      Yaguchi Jutaro.

Nº 108. — Cl. 8. — *Petit meuble en bambou* (48.100 fr.);
IIZUKA Hosai.

Nº 109. — Cl. 10. — *Pot argent décoré* (20.000 fr.);
SUGITA Kado.

Nº 110. — Cl. 13. — *Paravent peinture à l'aiguille* (43.700 fr.);
NISHIMURA Sozaemon.

Nº 111. — Cl. 11. — *Plat décoratif en faïence et socle* (9.650 fr.);
KINKOZAN Sobei.

Nº 112. — Cl. 8. — *Store en bambou* (3.380 fr.);
NISHIKAWA Genjiro.

GRAND PALAIS

Rez-de-Chaussée

COIN DE SALLE A MANGER

Nº 480. — Cl. 11. — *Brûle-parfums en porcelaine* (6.270 fr.);
MIYAGAWA Kozan.

Nº 94. — Cl. 21. — *Eventails* (1.326 fr.) ;
HAIBARA Naojiro.

Nº 387. — Cl. 10. — *Coupe à gâteaux en émail cloisonné* (2.280 fr.);
OTA Toshiro.

Nº 150. — Cl. 10. — *Vase en bronze à suspendre* (9.020 fr.) ;
KITAHARA Sanka.

Nº 19. — Cl. 10. — *Carpes en cuivre repoussé, encadrées* (14.410 fr.);
OKUBO Naooki.

Nº 209. — Cl. 11. — *Vase en faïence et socle* (3.845 fr.);
INOUYE Ryosai.

Nº 660. — Cl. 8. — *Guéridon en laque* (880 fr.);
KURUME RANTAI SHIKKI KWAISHA.

Nº 103. — Cl. 10. — *Bouilloire en fonte avec brasero* (1.750 fr.) ;
OKUNI Hakusai.

Nº 152. — Cl. 13. — *Napperon à thé dentelle* ;
FUJITA Seizo.

Nº 31. — Cl. 8. — *Etagère et support en cryptoméria laqué*
MIYOSHI Yajibei.   (les 2 : 5.980 fr.)

Nº 404. — Cl. 11. — *Service de table* (42.400 fr.);
FUKAGAWA Eizaemon.

N° 204. — Cl. 10. — *Jardinière en bronze et socle* (4.990 fr.);
TSUBATA Soju.

N° 403. — Cl. 11. — *Assiette décorative en faïence* (3.410 fr.);
UKITA Rakutoku.

N° 390. — Cl. 10. — *Boîte à cigarettes en émail cloisonné* (4.440 fr.);
ANDO Jubei.

N° 407. — Cl. 8. — *Etagère en bois laqué;*
OKADA Setsujo.

N° 373. — Cl. 10. — *Coupe à gâteaux en étain* (56 fr.);
HIGASHI Zenchu.

N° 374. — Cl. 10. — *Bouilloire en étain* (83 fr.);
HIGASHI Zenchu.

N° 364. — Cl. 10. — *Brûle-parfums en cuivre* (4.810 fr.);
YONEZAWA Hiroyasu.

N° 659. — Cl. 8. — *Table laquée* (1.770 fr.);
AKAMATSU SHOTEN.

N° 599. — Cl. 8. — *Statuette en bois coloriée* (14.410 fr.);
TERASE Sanraku.

N° 347. — Cl. 13. — *Peinture à l'aiguille encadrée* (2.430 fr.);
TANAKA Setsuji.

COIN DE PETIT SALON

N° 96. — Cl. 8. — *Boîte à papiers et boîte à encrier japonais en bambou*
IIZUKA HOSAI.   (42.100 fr.);

N° 526. — Cl. 8. — *Vases à fleurs en bois (à suspendre)* (la paire : 740 fr.);
NAMBU Ihei.

N° 192 et 193. — Cl. 9. — *Statuette en ivoire avec socle* (18.270 fr.);
SAITO Naokichi.

N° 612. — Cl. 8. — *Boîte à encrier japonais, laquée* (la garniture :
IWAMURA Teizo.   1.930 fr.);

N° 45. — Cl. 15. — *Reproduction d'ancienne peinture encadrée* (245 fr.);
SHIMBISHOIN.

N° 73. — Cl. 10. — *Paysage en métal ciselé, encadré* (6.240 fr.);
SUZUKI Yoshihiko.

N° 302. — Cl. 10. — *Brûle-parfums en bronze et socle* (2.352 fr.);
AMEMIYA Soshichi.

COIN DE CABINET DE TRAVAIL

N° 315. — Cl. 13. — *Tapisserie en brocart* (5.800 fr.);
YAMAGA Seikwa.

N° 636. — Cl. 8. — *Boîte à papiers, laquée* (3.180 fr.);
KATO Giichiro.

N° 468. — Cl. 8. — *Plateau laqué* (3.610 fr.);
KOSHIDA Bizan.

N° 637. — Cl. 11. — *Vase en porcelaine* (410 fr.);
TERAMAYE Tamekichi.

N° 43. — Cl. 10. — *Tableau en argent* (18.700 fr.);
KATSURA Koshun.

N° 487. — Cl. 10. — *Plafonnier en bronze* (2.410 fr.);
KITAMURA Joun.

N° 406. — Cl. 8. — *Secrétaire en bois de santal rouge* ;
KAJITA Megumi.

N° 211. — Cl. 10. — *Pot en bronze cloisonné avec socle bois sculpté*
NAGAMATSU Sajiro.   (6.330 fr.);

N° 127. — Cl. 8. — *Glace, cadre laqué* (18.500 fr.);
TOYOKAWA Yokei.

N° 186. — Cl. 11. — *Lampes portatives en porcelaine* (la paire : 1.375 fr.);
OKURA Toen.

N° 86. — Cl. 8. — *Corbeille en bambou* (6.000 fr.);
YAMAMOTO Chikuriusai.

N° 7. — Cl. 8. — *Tables laquées* (3 pièces : 7.330 fr.);
MIKAMI Jisaburo.

N° 421. — Cl. 16. — *Statuette en faïence* ;
OKIAYU Yoichi.

N° 69. — Cl. 15. — *Kakemono, gravure sur bois (peinture de Shoen)*
NIPPON MOKUHAN INSATSU KWAISHA. (605fr.);

N° 163. — Cl. 10. — *Porte-photographies cuivre doré (en 2 parties jointes)*
KITAHARA Senroku.   (11.720 fr.);

N° 205. — Cl. 10. — *Coffret à bijoux en émail cloisonné* (11.530 fr.);
INABA Shichiho.

N° 337. — Cl. 10. — *Brûle-parfums en argent repoussé* (1.880 fr.);
FURUICHI Unosuke.

I. — VITRINE

Nº 343. — Cl. 10. — *Vase en bronze sur socle* (980 fr.);
NAGAMATSU Sajiro.

Nº 179. — Cl. 10. — *Brûle-parfums en bronze* (8.940 fr.);
HATA Zoroku.

Nº 340. — Cl. 10. — *Vase à fleurs en bronze* (12.000 fr.).
NISHIMURA Yasubei.

Nº 196. — Cl. 10. — *Pot en cuivre* (5.770 fr.);
KUROKAWA Yoshikatsu.

Nº 303. — Cl. 10. — *Pot en argent* (3.960 fr.);
AMEMIYA Soshichi.

Nº 187. — Cl. 10. — *Vase en bronze* (2.410 fr.);
SAITO Kyomei.

Nº 847. — Cl. 10. — *Vase à fleurs en cuivre, sur socle sculpté* (4.810 fr.) ;
YAMAMOTO Jummin.

Nº 149. — Cl. 10. — *Vase en bronze;*
NAITO Haruji.

Nº 486. — Cl. 10. — *Vase en cuivre sur socle* (6.000 fr.);
SHIMIZU Kamezo.

Nº 314. — Cl. 10. — *Vase en alliage d'argent et de cuivre et socle* (4.810 fr.);
NOKAWA Saizo.

Nº 476. — Cl. 10. — *Classeur en cuivre;*
MURATA Chosen.

Nº 191. — Cl. 10. — *Pot à fleurs en bronze* (6.015 fr.);
YAMAMOTO Azumi.

Nº 367. — Cl. 10. — *Brasero en cuivre* (1.450 fr.);
YAMAKAWA Toyomatsu.

Nº 195. — Cl. 10. — *Chandeliers en fer* (la paire : 18.100 fr.);
ISHIDA Eiichi.

Nº 853. — Cl. 10. — *Bouilloire en fonte et brasero en bronze* (5.780 fr.);
YAMAGUCHI Joyu.

Nº 842. — Cl. 10. — *Pot à fleurs en bronze* (4.580 fr.);
EZAWA Toun.

Nº 365. — Cl. 10. — *Vase en bronze* (1.930 fr.);
SHIOZAKI Rihei.

Nº 190. — Cl. 10. — *Vase en bronze;*
ICHIHASHI Gado.

Nº 280. — Cl. 10. — *Vase en bronze et socle* (les deux : 14.480 fr.);
TAKAWO Sadashichi.

Nº 148. — Cl. 10. — *Vase en bronze et socle* (12.050 fr.);
SASAKI Shodo.

N° 151. — Cl. 10. — *Pot en bronze;*
YAMAMOTO Azumi.

N° 338. — Cl. 10. — *Vase en bronze, avec socle* (1.445 fr.);
AMEMIYA Soshichi.

N° 307. — Cl. 10. — *Vase en bronze et socle* (1.765 fr.);
KIBUNDO Shobei.

N° 225. — Cl. 10. — *Vase en bronze et socle* (1.390 fr.)·
YOKOKURA Kazan.

N° 188. — Cl. 10. — *Vase en bronze;*
KATORI Masahiko.

N° 91. — Cl. 10. — *Bouilloire en fonte;*
KOIZUMI Nizaemon.

N° 339. — Cl. 10. — *Vase à fleurs en bronze* (410 fr.);
HIRANO Kichibei.

N° 114. — Cl. 10. — *Coffret en fer sculpté* (8.260 fr.);
TAKASE Kozan.

N° 112. — Cl. 10. — *Vase en bronze* (3.860 fr.);
NISHIMURA Yasubei.

N° 370. — Cl. 10. — *Vase en étain* (la paire : 3.550 fr.);
HOSHIYAMA Buhachiro.

N° 561. — Cl. 10. — *Articles à thé en étain* (3 pièces : 315 fr.);
NAKAMURA Hambei.

N° 562. — Cl. 10. — *Pot à thé en étain* (540 fr.);
NAKAMURA Hambei.

N° 851. — Cl. 10. — *Pot en bronze* (3.010 fr.);
NISHIMURA Toshihiko.

II. — VITRINE

N° 213. — Cl. 20. — *Kimono en soie brodé* (1.720 fr.);
TAKENOUCHI Ryozo.

N° 214. — Cl. 20. — *Kimono en soie brodé* (1.422 fr.);
TAKENOUCHI Ryozo.

N° 167. — Cl. 20. — *Kimono en soie brodé* (3.225 fr.);
YAMAMOTO Naojiro.

N° 368. — Cl. 13. — *Tapis de table en soie* (8.070 fr.);
MATSUI Motoemon.

N° 369. — Cl. 13. — *Coussin en soie* (la pièce : 220 fr.);
MATSUI Motoemon.

N° 202. — Cl. 13. — *Coussin et tapis de table en soie;*
NAKAMURA Jihei.

N° 273. — Cl. 13. — *Coussin en coton « Shibori »;*
NAMBU SHIKONZOME KENKIUSHO.

N° 274. — Cl. 13. — *Tapis de table en coton « Shibori »;*
NAMBU SHIKONZOME KENKIUSHO.

N° 129. — Cl. 20. — *Kimono en soie brodé* (4.360 fr.);
SUGIMOTO Matsunosuke.

N° 106. — Cl. 20. — *Robes japonaises pour dames* (3 pièces);
NAITO Ryoko.

N° 397. — Cl. 21. — *Serviettes de coton* (la douzaine : 36 fr.);
OBORO TAORU SHOKAI.

N° 398. — Cl. 21. — *Robe de chambre en coton* (la pièce : 125 fr.),
OBORO TAORU SHOKAI.

N° 399. — Cl. 21. — *Robe de chambre en coton pour enfant* (33 fr.);
OBORO TAORU SHOKAI.

N° 227. — Cl. 21. — *Bas de soie* (la paire : 42 fr.);
YOKOHAMA MERIYASU DOGYO KUMIAI.

N° 228. — Cl. 21. — *Bas de soie* (la paire : 38 fr.);
YOKOHAMA MERIYASU DOGYO KUMIAI.

N° 229. — Cl. 21. — *Chaussettes de soie (pour hommes)* (la paire : 32 fr.);
YOKOHAMA MERIYASU DOGYO KUMIAI.

N° 230. — Cl. 21. — *Combinaison-pantalon* (50 fr.);
YOKOHAMA MERIYASU DOGYO KUMIAI.

N° 231. — Cl. 21. — *Combinaison-pantalon* (87 fr.);
YOKOHAMA MERIYASU DOGYO KUMIAI.

N° 232. — Cl. 21. — *Pantalon pour dames* (71 fr.);
YOKOHAMA MERIYASU DOGYO KUMIAI.

N° 233. — Cl. 21. — *Combinaison-pantalon* (82 fr.);
YOKOHAMA MERIYASU DOGYO KUMIAI.

N° 234. — Cl. 21. — *Chaussettes de soie* (la paire : 29 fr.);
YOKOHAMA MERIYASU DOGYO KUMIAI.

N° 235. — Cl. 21. — *Chaussettes de soie* (la paire : 23 fr.);
YOKOHAMA MERIYASU DOGYO KUMIAI.

N° 236. — Cl. 21. — *Chaussettes de soie* (la paire : 21 fr.);
YOKOHAMA MERIYASU DOGYO KUMIAI.

N° 237. — Cl. 21. — *Chaussettes de soie* (la paire : 21 fr.) ;
YOKOHAMA MERIYASU DOGYO KUMIAI.

N° 238. — Cl. 21. — *Chaussettes de soie* (la paire : 25 fr.) ;
YOKOHAMA MERIYASU DOGYO KUMIAI.

N° 216. — Cl. 20. — *Ceinture de dame en soie ;*
NAKANISHI Kintaro.

Nº 217. — Cl. 20. — *Ceinture de dame en soie* ;
NAKANISHI Kintaro.

Nº 218. — Cl. 20. — *Ceinture de dame en soie* ;
NAKANISHI Kintaro.

Nº 219. — Cl. 20. — *Ceinture de dame en soie* ;
NAKANISHI Kintaro.

Nº 220. — Cl. 20. — *Ceinture de dame en soie* ;
NAKANISHI Kintaro.

Nº 221. — Cl. 20. — *Ceinture de dame en soie* ;
NAKANISHI Kintaro.

Nº 346. — Cl. 21. — *Mouchoirs en ramie* (la 1/2 douz. en boîte : 230 fr.)
NAKAGAWA Masashichi.

Nº 357. — Cl. 13. — *Etoffe de soie « Habutae »* (2.210 fr.);
BIZEN Matakichi.

Nº 358. — Cl. 13. — *Etoffe de soie* (2.290 fr.);
BIZEN Matakichi.

Nº 359. — Cl. 13. — *Etoffe de soie* (1.840 fr.);
DAISHOJI YUSHUTSU ORIMONO KUMIAI.

Nº 360. — Cl. 13. — *Etoffe de soie* (2.125 fr.);
DAISHOJI YUSHUTSU ORIMONO KUMIAI.

Nº 361. — Cl. 13. — *Etoffe de soie* (3.230 fr.);
DAISHOJI YUSHUTSU ORIMONO KUMIAI.

Nº 362. — Cl. 13. — *Etoffe de soie* (3.250 fr.);
DAISHOJI YUSHUTSU ORIMONO KUMIAI.

Nº 363. — Cl. 13. — *Etoffe de soie* (2.700 fr.);
DAISHOJI YUSHUTSU ORIMONO KUMIAI.

Nº 262. — Cl. 13. — *Doublure de vêtements « Kaiki »* (940 fr.);
KAIKI DOGYO KUMIAI.

Nº 166. — Cl. 13. — *Satin blanc* (650 fr.);
TSURUOKA ORIMONO KAISHA.

Nº 391. — Cl. 13. — *Crêpe de soie* (1.530 fr.);
TEIKOKU NENSHI ORIMONO KABUSHIKI KAISHA.

Nº 392. — Cl. 13. — *Crêpe de Chine* (1.600 fr.);
TEIKOKU NENSHI ORIMONO KABUSHIKI KAISHA.

Nº 395. — Cl. 13. — *Crêpe de soie* (1.010 fr.);
DAINIPPON BOSEKI KABUSHIKI KAISHA.

Nº 396. — Cl. 13. — *Etoffe de soie (S. X.)* (770 fr.);
DAINIPPON BOSEKI KABUSHIKI KAISHA.

Nº 249. — Cl. 13. — *Crépon* (128 fr.);
SANO ORIMONO DOGYO KUMIAI.

Nº 250. — Cl. 13. — *Crépon* (150 fr.);
SANO ORIMONO DOGYO KUMIAI.

Nº 251. — Cl. 13. — *Crêpon* (240 fr.);
SANO ORIMONO DOGYO KUMIAI.

Nº 252. — Cl. 13. — *Crêpon* (150 fr.);
SANO ORIMONO DOGYO KUMIAI.

Nº 253. — Cl. 13. — *Crêpon* (145 fr.);
SANO ORIMONO DOGYO KUMIAI.

Nº 400. — Cl. 13. — *Tissu de coton* (la pièce : 150 fr.);
TOTOMI ORIMONO DOGYO KUMIAI.

Nº 401. — Cl. 13. — *Tissu de coton* (152 fr.);
TOTOMI ORIMONO DOGYO KUMIAI.

Nº 257. — Cl. 13. — *Crêpon blanc* (350 fr.);
HATANO ORIMONO DOGYO KUMIAI.

Nº 258. — Cl. 13. — *Crêpon orange* (360 fr.);
HATANO ORIMONO DOGYO KUMIAI.

Nº 259. — Cl. 13. — *Crêpon bleu clair* (354 fr.);
HATANO ORIMONO DOGYO KUMIAI.

Nº 260. — Cl. 13. — *Crêpon violet pâle* (354 fr.);
HATANO ORIMONO DOGYO KUMIAI.

Nº 261. — Cl. 13. — *Crêpon dessin de fleurs* (410 fr.);
HATANO ORIMONO DOGYO KUMIAI.

Nº 226. — Cl. 13. — *Satin blanc* (1.005 fr.);
UZEN ORIMONO KABUSHIKI KAISHA.

Nº 254. — Cl. 13. — *Crêpe de soie* (1.460 fr.);
KIMURA Asashichi.

Nº 255. — Cl. 13. — *Tissu de soie (S.)* (1.450 fr.);
KIMURA Asashichi.

Nº 256. — Cl. 13. — *Tissu de soie (S.)* (1.560 fr.);
KIMURA Asashichi.

Nº 276. — Cl. 13. — *Crêpon* (143 fr.);
MIMA Giichiro.

Nº 277. — Cl. 13. — *Tissu de coton crêpé* (147 fr.);
MIMA Giichiro.

Nº 154. — Cl. 13. — *Nappe à thé en dentelle* (375 fr.);
HANYU Naosuke.

Nº 152. — Cl. 13. — *Napperon à thé en dentelle* (5.290 fr.);
FUJITA Seizo.

Nº 244. — Cl. 13. — *Crêpon* (416 fr.);
KAWASHIMA Kyubei.

Nº 245. — Cl. 13. — *Crêpe (P. K.)* (380 fr.);
KAWASHIMA Kyubei

No 246. — Cl. 13. — *Crêpe (P. K. Bunkwa)* (380 fr.);
KAWASHIMA Kyubei.
No 247. — Cl. 13. — *Crêpe (P. K. Bunkwa)* (380 fr.);
KAWASHIMA Kyubei.
No 248. — Cl. 13. — *Crêpe (S. P.)* (142 fr.);
KAWASHIMA Kyubei.
No 278. — Cl. 13. — *Crêpon* (280 fr.);
KAIFU Tashiro.
No 279. — Cl. 13. — *Mousseline* (260 fr.);
TAMURA-KOMA-SHOTEN.
No 240. — Cl. 22. — *Chapeau de dame* (6 fr.);
SHIMANE Sosuke.
No 241. — Cl. 22. — *Chapeau de dame* (6 fr.);
SHIMANE Sosuke.
No 242. — Cl. 22. — *Chapeau de dame* (7 fr.);
SHIMANE Sosuke.
No 243. — Cl. 22. — *Chapeau pour enfant* (40 fr.);
SHIMANE Sosuke.
No 692. — Cl. 3. — *Crêpon* (400 fr.);
SASAGAWA BOSEKI KAISKA.
No 949. — Cl. 13. — *Tapis de table en soie (de vers à soie sauvage)* (870 fr.);
NAGANO KOGYO SHIKENJO.
No 153. — Cl. 13. — *Dentelle en toile* (1.485 fr.);
HANYU Naosuke.

III. — VITRINE

No 855. — Cl. 9. — *Lampe portative en écaille* (30.300 fr.);
KURITA Kando.
No 206. — Cl. 11. — *Vase en faïence et socle* (3.845 fr.);
INOUYE Ryosai.
No 438. — Cl. 11. — *Vase en porcelaine;*
MIYAGAWA Kozan.
No 345. — Cl. 10. — *Objet d'art en argent, cuivre et fer, et support en bois paulownia* (les 3 pièces : 7.470 fr.);
TAKASE Kozan.
No 354. — Cl. 10. — *Brûle-parfums en bronze cloisonné avec socle* (7.210 fr.);
NAGAMATSU Sajiro.
No 371. — Cl. 9. — *Coffret en écaille sculptée* (2.380 fr.);
OTANI Teijiro.

No 53. — Cl.   8. — *Coffret laqué « Màkie »* (18.000 fr.);
TSUJIMURA Shoka.
No 614. — Cl. 11. — *Pot en faïence avec support* (3.375 fr.);
KUSUBE Yaichi.
No 156. — Cl.   9. — *Pendulette ornée d'or, d'argent, de perles, d'écailles,*
HOSAKA Kozan.   *etc.* (24.960 fr.);
No 36. — Cl. 10. — *Vase à fleurs en argent et socle* (12.440 fr.);
YAMAGUCHI Issho.
No 170. — Cl. 10. — *Vase en argent et socle* (19.440 fr.);
YAMAKAWA Koji.
No 157. — Cl. 10. — *Vase en argent;*
SOMEYA Ikko.
No 199. — Cl. 10. — *Vase en argent sur socle* (7.780 fr.);
WATANABE Banri.
No 481. — Cl. 11. — *Vase en faïence sur socle* (2.400 fr.);
FUNAKI Asataro.
No 126. — Cl. 10. — *Plateau en argent avec incrustations* (11.240 fr.);
ITO Masami.
No 194. — Cl. 10. — *Jardinière en argent et socle* (18.720 fr.);
KAMIYA Norichika.
No 51. — Cl. 10. — *Coupe à gâteaux en argent* (7.500 fr.);
YOTSUYA Masami.
No 198. — Cl. 10. — *Coffret en argent* (16.850 fr.);
FUNAKOSHI Shummin.
No 377. — Cl.   9. — *Boîte en écaille avec incrustations* (24.200 fr.);
EZAKI Eizo.
No 378. — Cl.   9. — *Vase en écaille sur socle* (18.200 fr.);
EZAKI Fizo
No 379. — Cl.   9. — *Nécessaire de toilette en écaille* (12 pièces : 9.100 fr.);
EZAKI Eizo.
No 479. — Cl. 11. — *Brûle-parfums en porcelaine sur socle* (9.660 fr.);
MIYAGAWA Kozan.
No 625. — Cl. 11. — *Vases en faïence et socles* (la paire : 3.600 fr.);
KYOTO TOJIKI GOSHI KAISHA.
No 615. — Cl. 11. — *Vase en faïence et socle* (19.220 fr.);
KINKOZAN Sobei.
No 626. — Cl. 11. — *Vase en porcelaine et socle* (4.260 fr.);
NAKAMURA Toko.
No 617. — Cl. 11. — *Vase en porcelaine* (7.730 fr.);
UNO Jimmatsu.
No 435. — Cl. 11. — *Petit vase en faïence;*
IMOTO Beisen.

N° 402. — Cl. 10. — *Vase en cloisonné sur socle* (23.100 fr.);
ANDO Jubei.

N° 624. — Cl. 11. — *Vase en faïence* (2.885 fr.);
UCHISHIMA Kitaro.

N° 147. — Cl. 10. — *Lampe portative en argent* (16.900 fr.);
TAZO Goro.

N° 506. — Cl. 10. — *Garniture de bureau en cuivre incrusté d'or, avec étui*
KONO Yoshinosuke.   (3.130 fr.);

N° 99. — Cl. 8. — *Plateau laqué « Makié »* (6.970 fr.);
OGAKI Shokun.

N° 605. — Cl. 8. — *Coffret laqué avec incrustations* (13.060 fr.);
INAGAKI Magoichiro.

N° 619. — Cl. 11. — *Vase en faïence sur socle* (5.000 fr.);
HIRAOKA Rihei.

N° 460. — Cl. 11. — *Vase en terre cuite* ;
SUDA Seikwa.

N° 600. — Cl. 11. — *Assiette en faïence* ;
ISHIKAWA Hakusai.

IV. — VITRINE

N° 180. — Cl. 9. — *Étui en maroquinerie pour cartes à jouer* (44 fr.);
HARII SHOTEN.

N° 181. — Cl. 9. — *Étui en maroquinerie pour cartes à jouer* (44 fr.);
HARII SHOTEN.

N° 282. — Cl. 21. — *Sac à main en maroquinerie* (180 fr.);
SUGIE Shimbei.

N° 283. — Cl. 21. — *Sac à main en étoffe décorative* (195 fr.);
SUGIE Shimbei.

N° 284. — Cl. 21. — *Sac à main en maroquinerie, pour dame* (333 fr.);
SUGIE Shimbei.

N° 386. — Cl. 10. — *Vase en cloisonné et socle* (2.170 fr.);
OTA Toshiro.

N° 383. — Cl. 10. — *Vase en cloisonné et socle* (4.820 fr.);
HAYASHI Tanigoro.

N° 384. — Cl. 10. — *Vase en cloisonné et socle* (4.820 fr.);
HAYASHI Tanigoro.

N° 385. — Cl. 10. — *Boîte en cloisonné* (6.740 fr.);
HAYASHI Tanigoro.

N° 389. — Cl. 10. — *Vase en cloisonné et socle* (20.200 fr.);
ANDO Jubei.

N° 843. — Cl. 8. — *« Lapins » en os sculpté* (605 fr.);
ISANA SHOKWAI.

N° 844. — Cl. 8. — *« Poule et poussins » en os sculpté* (605 fr.);
ISANA SHOKWAI.

N° 856. — Cl. 9. — *Service de fumeur en bois, pierre et nacre* (12.540 fr.);
ISHIKAWA Kambi.

N° 591. — Cl. 16. — *Poupées en bois* (la série de 7 : 31 fr.);
NAKAMURA Matsujiro.

N° 592. — Cl. 16. — *Jouets en bois* (la série de 3 : 12 fr.);
NAKAMURA Matsujiro.

N° 423. — Cl. 16. — *Statuette en faïence* (1.830 fr.);
HARADA Kahei.

N° 424. — Cl. 16. — *Statuette en faïence* (1.165 fr.);
HARADA Kahei.

N° 422. — Cl. 16. — *Statuette en faïence* (1.230 fr.);
OKIAYU Yoichi.

N° 419. — Cl. 16. — *Statuette en faïence* (3.030 fr.);
KOJIMA Yoichi.

N° 420. — Cl. 16. — *Statuette en faïence* (1.155 fr.);
KOJIMA Yoichi.

N° 622. — Cl. 16. — *Statuettes en bois* (une série de 3 : 4.440 fr.);
NAMIKAWA Chujiro.

N° 120. — Cl. 16. — *Assortiment de poupées* (3.380 fr.);
YAMADA Tokubei.

N° 3. — Cl. 16. — *« Jeune fille »* (1.640 fr.);
OKI Heizo.

N° 5. — Cl. 16. — *Poupée* (1.400 fr.);
OKI Heizo.

N° 623. — Cl. 16. — *Statuette en bois* (la pièce : 1.805 fr.);
SHIMIZU Katsuzo.

N° 158. — Cl. 9. — *Sac à main en maroquinerie*;
KUMAGAI Daijiro.

N° 159. — Cl. 9. — *Boîte en maroquinerie*;
KUMAGAI Daijiro.

V. — VITRINE

N° 380. — Cl. 21. — *Collier en écaille* (1.210 fr.);
EZAKI Eizo.

N° 381. — Cl. 21. — *Poignée de parapluie en écaille* (2.410 fr.);
EZAKI Eizo.

N° 508. — Cl. 10. — *Boîtes à cigarettes incrustées d'or* (la série : 1.090 fr.);
KONO Yoshinosuke.

N° 182. — Cl. 24. — *Pendentif de perles et or* (3.285 fr.);
EBIHARA Shoji.

N° 183. — Cl. 24. — *Pendentif de perles et or* (2.740 fr.);
EBIHARA Shoji.

N° 184. — Cl. 24. — *Broche de perles et or* (2.740 fr.);
EBIHARA Shoji.

N° 185. — Cl. 24. — *Broche de perles et or* (1.825 fr.);
EBIHARA Shoji.

N° 222. — Cl. 24. — *Collier de corail* (398 fr.);
HATANAKA SANGO KAKOJO.

N° 223. — Cl. 24. — *Broche en corail* (860 fr.);
HATANAKA SANGO KAKOJO.

N° 224. — Cl. 24. — *Épingle de chapeau en corail* (265 fr.);
HATANAKA SANGO KAKOJO.

N° 950. — Cl. 10. — *Service de fumeur en argent* ;
KATORI Shushin.

N° 272. — Cl. 24. — *Collier en cristal* (780 fr.);
KOFU SUISHOGYO KUMIAI.

N° 197. — Cl. 24. — *Collier de coraux* (9.991 fr.);
YODA Chujiro.

N° 848. — Cl. 24. — *Broche en corail rose* (3.360 fr.);
KIKUCHI Mohei.

N° 849. — Cl. 24. — *Broche en corail blanc* (3.770 fr.);
KIKUCHI Mohei.

N° 850. — Cl. 24. — *Broche en corail et en écaille* (2.016 fr.);
KIKUCHI Mohei.

N° 854. — Cl. 10. — *Boîte à cigarettes* (1.800 fr.);
KONO Yoshinosuke.

VI. — VITRINE

No 176. — Cl. 13. — *Rideau en brocart* (8.130 fr.);
TATSUMURA Heizo.

No 177. — Cl. 13. — *Rideau en brocart* (6.540 fr.);
TATSUMURA Heizo.

No 178. — Cl. 13. — *Rideau en brocart* (2.970 fr.);
TATSMURA Heizo.

No 393-394. — Cl. 13. — *Rideau en soie* (la pièce : 400 fr.);
MIYE SEIMO KABUSHIKI KAISHA.

No 169. — Cl. 13. — *Brocart en soie* (5.320 fr.);
DATE Yasuke.

No 351. — Cl. 21. — *Robe en crêpe de soie* (3.420 fr.);
TAKASHIMAYA GOFUKUTEN.

No 352. — Cl. 21. — *Robe en crêpe de soie* (3.420 fr.);
TAKASHIMAYA GOFUKUTEN.

No 353. — Cl. 21. — *Robe en crêpe de soie* (3.420 fr.);
TAKASHIMAYA GOFUKUTEN.

No 344. — Cl. 20. — *Robe de dessous en soie « Shibori »* (1.800 fr.);
KAWAMOTO Shobei.

No 301. — Cl. 13. — *Etoffe de soie décorative* (13.000 fr.);
NISHIJIN ORIMONO KAISHA.

No 11. — Cl. 13. — *Coussin brodé (dessin : Printemps)* (755 fr.);
HASHIO Kiyoshi.

No 12. — Cl. 13. — *Coussin brodé (dessin : Eté)* (755 fr.);
HASHIO Kiyoshi.

No 13. — Cl. 13. — *Coussin brodé (dessin : Automne)* (755 fr.);
HASHIO Kiyoshi.

No 14. — Cl. 13. — *Coussin brodé (dessin : Hiver)* (755 fr.);
HASHIO Kiyoshi.

No 304. — Cl. 13. — *Etoffe de soie décorative* (4.360 fr.);
HASEGAWA Ichizo.

No 316. — Cl. 13. — *Tissu broché* (8.220 fr.);
NOBUCHI Kamekichi.

No 201. — Cl. 13. — *Coussins brodés sur toile* (la paire : 5.060 fr.);
KANAZAWA Shizuko.

No 355. — Cl. 13. — *Tapis de table en soie imprimée* (21.200 fr.);
NISHIMURA Jihei.

No 264. — Cl. 13. — *Rideau en soie « Shibori »* (33.620 fr.);
YUASA Sentaro.

No 356. — Cl. 13. — *Etoffe de soie* (la pièce : 1.500 fr.);
KYOTO ORIMONO KABUSHIKI KAISHA.

VII. — VITRINE

Nº 857. — Cl. 10. — *Service à café en argent* (11.920 fr.);
　　　　　　HOSONUMA KIKINZOKU KWAISHA.

Nº 313. — Cl. 10. — *Etui à cigarettes incrusté d'or* (4.035 fr.);
　　　　　　KOMAI Otojiro.

Nº 164. — Cl. 9. — *Objet d'art en ivoire sur socle en bois* (8.500 fr.);
　　　　　　IKEDA Kakichi.

Nº 161. — Cl. 24. — *Epingle à cheveux en écaille*;
　　　　　　MAEKAWA Saichi.

Nº 372. — Cl. 24. — *Epingles à cheveux en écaille* (4 pièces : 680 fr.);
　　　　　　OTANI Teijiro.

Nº 382. — Cl. 24. — *Onglier en écaille* (9 pièces : 610 fr.);
　　　　　　EZAKI Eizo.

Nº 388. — Cl. 10. — *Coffret à cigarettes en cloisonné* (2.220 fr.);
　　　　　　OTA Toshiro.

Nº 666. — Cl. 9. — *Boîte à cigarettes en écaille* (3.900 fr.):
　　　　　　FUTAEDA Teijiro.

Nº 852. — Cl. 8. — *Boîte à encens en laque avec dessin en relief* (2.940 fr.);
　　　　　　TSURUHARA Kakuu.

VIII. — VITRINE

Nº 904. — Cl. 24. — *Collier de perles* (95 *perles*) (62.360 fr.).
Nº 905. — Cl. 24. — *Collier de perles* (111 *perles*) (32.160 fr.).
Nº 906. — Cl. 24. — *Collier de perles* (99 *perles*) (40.930 fr.).
Nº 907. — Cl. 24. — *Collier de perles* (105 *perles*) (20.950 fr.).
Nº 908. — Cl. 24. — *Collier de perles* (99 *perles*) (60.420 fr.).
Nº 909. — Cl. 24. — *Collier de perles* (109 *perles*) (63.340 fr.).
Nº 910. — Cl. 24. — *Collier de perles* (103 *perles*) (76.000 fr.).
Nº 911. — Cl. 24. — *Collier de perles* (95 *perles*) (87.700 fr.).
Nº 912. — Cl. 24. — *Collier de perles* (95 *perles*) (31.180 fr.).
Nº 913. — Cl. 24. — *Collier de perles* (123 *perles*) (40.930 fr.).
Nº 914. — Cl. 24. — *Collier de perles* (214 *perles*) (87.700 fr.).
Nº 915. — Cl. 24. — *Collier de perles* (237 *perles*) (68.210 fr.).
Nº 916. — Cl. 24. — *Collier de perles* (97 *perles*) (17.540 fr.).

N° 917. — Cl. 24. — *Perle* (24.360 fr.).
N° 918. — Cl. 24. — *Boucles d'oreilles* (la paire : 23.390 fr.).
N° 919. — Cl. 24. — *Bague* (4.390 fr.).
N° 920. — Cl. 24. — *Bague* (3.710 fr.).
N° 921. — Cl. 24. — *Bague* (6.340 fr.).
N° 922. — Cl. 24. — *Bague* (6.820 fr.).
N° 923. — Cl. 24. — *Bague (3 perles)* (1.950 fr.).
N° 924. — Cl. 24. — *Bague (3 perles)* (1.810 fr.).
N° 925. — Cl. 24. — *Bague (3 perles)* (3.610 fr.).
N° 926. — Cl. 24. — *Bague (3 perles)* (3.120 fr.).
N° 927. — Cl. 24. — *Bague (3 perles)* (3.610 fr.).
N° 928. — Cl. 94. — *Bague (3 perles)* (1.950 fr.).
N° 929. — Cl. 24. — *Broche (9 perles)* (3.900 fr.).
N° 930. — Cl. 24. — *Broche (9 perles)* (2.930 fr.).
N° 931. — Cl. 24. — *Broche (9 perles)* (4.390 fr.).
N° 932. — Cl. 24. — *Broche (9 perles)* (2.930 fr.).
N° 933. — Cl. 24. — *Broche (9 perles)* (3.410 fr.).
N° 934. — Cl. 24. — *Broche (6 perles)* (2.930 fr.).
N° 935. — Cl. 24. — *Broche (3 perles)* (3.120 fr.).
N° 936. — Cl. 24. — *Broche (3 perles)* (3.710 fr.).
N° 937. — Cl. 24. — *Pendentif (4 perles)* (8.380 fr.).
N° 938. — Cl. 24. — *Pendentif (2 perles, 2 brillants)* (14.130 fr.).
N° 939. — Cl. 24. — *Pendentif (1 perle, 1 brillant)* (13.640 fr.).
N° 940. — Cl. 24. — *Boutons de chemise (3 pièces)* (3.510 fr.).
N° 941. — Cl. 24. — *Boutons de chemise (3 pièces)* (2.150 fr.).
N° 942. — Cl. 24. — *Boutons de chemise (2 pièces)* (2.540 fr.).
N° 943. — Cl. 24. — *Boutons de chemise (2 pièces)* (2.240 fr.).
N° 944. — Cl. 24. — *Boutons de chemise (2 pièces)* (1.950 fr.).
N° 945. — Cl. 24. — *Epingle de cravate* (1.950 fr.).
N° 946. — Cl. 24. — *Epingle de cravate* (1.560 fr.).
N° 947. — Cl. 24. — *Epingle de cravate* (1.460 fr.).

MIKIMOTO DIAMOND HOUSE

Nº 87. — Cl. 9. — *Aigle en ivoire avec support* (122.500 fr.);
SAITO Shoichiro.

Nº 668. — Cl. 11. — *Vases en porcelaine* (la paire : 3.550 fr.);
OSHIMA Koichi.

Nº 616. — Cl. 11. — *Vase en porcelaine* (6.770 fr.);
SHIMIZU Rokubei.

Nº 618. — Cl. 11. — *Vase en faïence sur socle* (8.150 fr.);
HIRAOKA Rihei.

Nº 405. — Cl. 11. — *Vase en porcelaine* (6.650 fr.);
FUKAGAWA Eisaemon.

Nº 621. — Cl. 11. — *Vase en porcelaine sur socle* (3.410 fr.);
IMOTO Beisen.

Nº 366. — Cl. 10. — *Gong* (4.210 fr.);
SAIDA Kozo.

Nº 669. — Cl. 11. — *Brasero en porcelaine* (2.500 fr.):
TSUJI Junosuke.

Nº 207. — Cl. 10. — *Vase en cuivre* (3.690 fr.);
KAKUHA Zenjiro.

GRAND PALAIS

Premier étage

I. — ENSEIGNEMENT

MINISTÈRE DE L'INSTRUCTION PUBLIQUE DU JAPON

Nº 707. — Cl. 28. — *Situation de l'enseignement technique.*

Nº 708. — Cl. 28. — *Tableau synoptique des écoles placées sous la direction du Ministère.*

Nº 709. — Cl. 28. — *Statistique actuelle des écoles du Japon.*

Nº 710. — Cl. 28. — *Corps principal du temple bouddhique Horyuji* (photographie).

Nº 711. — Cl. 28. — *Intérieur du corps principal du temple* (photographie).

Nº 712. — Cl. 28. — *Fresque du corps principal du temple* (photographie).

Nº 713. — Cl. 28. — *Pagode du temple bouddhique Yakushiji* (photographie).

Nº 714. — Cl. 28. — *Hoodo du temple bouddhique Byodoin* (photographie).

Nº 715. — Cl. 28. — *Pagode du temple bouddhique Ishiyamadera* (photographie).

Nº 716. — Cl. 28. — *Pavillon Kinkaku du temple bouddhique Rokuonji* (photographie).

Nº 717. — Cl. 28. — *Intérieur de la salle d'honneur du temple bouddhique Hongwanji* (photographie).

Nº 718. — Cl. 28. — *Une partie du temple shintoïste de Nikko* (photographie).

Nº 719. — Cl. 28. — *Une partie de l'intérieur du temple shintoïste d Nikko* (photographie).

Nº 720. — Cl. 28. — *Statue d'Avalokiteçvara du temple bouddhique Horyuji* (photographie).

N° 721. — Cl. 28. — *Statue d'Avalokiteçvara du temple bouddhique Yaku-shiji* (photographie).
N° 722. — Cl. 28. — *Tam-tam du temple bouddhique Kofukuji* (photo-graphie).
N° 723. — Cl. 28. — *Tableau Arya-Acalanatha du mont Koya* (photo-graphie).
N° 724. — Cl. 28. — *« Résurrection de Çakya-Muni » du temple bouddhique Chohoji* (photographie).
N° 725. — Cl. 28. — *Statue de Lakçmî (Kichijo-tennyo) du temple boud-dhique Joruriji* (photographie).
N° 726. — Cl. 28. — *Portrait de Minamoto-no-Yoritomo du temple Jingoji* (photographie).
N° 727. — Cl. 28. — *Statue d'Asanga (Mujaku) du temple bouddhique Kofukuji* (photographie).
N° 728. — Cl. 28. — *Tableau de Cerisiers du temple bouddhique Chisha-kuin* (photographie).

KYORITSU JOSHI SHOKUGYO GAKKO
(ÉCOLE PROFESSIONNELLE DE JEUNES FILLES)

N° 701. — Cl. 34. — *Groupe d'une femme, un garçon et une fillette endi-manchés.*
N° 702. — Cl. 34. — *Paravent* (peinture à l'aiguille).

TOITA SAIHO GAKKO
(ÉCOLES DE COUTURE DE TOITA)

N° 703. — Cl. 34. — *Groupe d'enfants* (Cérémonie pour enfants).
N° 704. — Cl. 34. — *Arrière-plan pour le groupe d'enfants* (Cérémonie d'enfants).

TOKIO SAIHO GAKKO
(ÉCOLE DE COUTURE DE TOKIO)

N° 779. — Cl. 34. — *Kimono.*

KUZURYU SHUGA JOGAKKO
(ÉCOLE DE JEUNES FILLES POUR BRODERIE ET PEINTURE DE KUZURYU)

N° 781. — Cl. 34. — *Tableau de broderie « Mœurs japonaises ».*
N° 782. — Cl. 34. — *Tableau de broderie « Forêt ».*
N° 783. — Cl. 34. — *Tableau de broderie « Forêt ».*

BANCHO JINJO SHOGAKKO

(École primaire de Bancho)

Nº 784. — Cl. 30. — *Bonbonnière laquée.*
Nº 785. — Cl. 34. — *Petite boîte.*
Nº 786. — Cl. 30. — *Vase et plateau en bois laqués.*
Nº 787. — Cl. 34. — *Petite boîte.*
Nº 806. — Cl. 30. — *Etui à pinceaux.*
Nº 807. — Cl. 30. — *Etui à pinceaux.*
Nº 808. — Cl. 30. — *Boîte à encrier japonais en bois sculpté en relief*
Nº 809. — Cl. 30. — *Coupe-papier en bois.*
Nº 810. — Cl. 34. — *Petite boîte.*
Nº 811. — Cl. 34. — *Petite boîte.*
Nº 812. — Cl. 30. — *Poupée en bois.*
Nº 813. — Cl. 34. — *Poupée.*
Nº 814. — Cl. 30. — *« Bataille de Kawanakajima », sculpture en relief*
sur bois.
Nº 815. — Cl. 30. — *Boîte à cure-dents.*
Nº 816. — Cl. 34. — *Petite boîte.*
Nº 817. — Cl. 30. — *Boîte à cigarettes en bambou.*
Nº 818. — Cl. 30. — *Plumier en bambou.*
Nº 819. — Cl. 34. — *Sac à main.*
Nº 820. — Cl. 34. — *Tapis brodé.*
Nº 821. — Cl. 28. — *Vue d'une salle d'études.*
Nº 822. — Cl. 34. — *Dessous de vase brodé.*
Nº 823. — Cl. 30. — *Poupée en bois « Jeune paysanne ».*
Nº 837. — Cl. 28. — *Vue d'une salle d'études.*
Nº 962. — Cl. 28. — *Vue d'une salle d'études.*
Nº 963. — Cl. 28. — *Vue d'une salle d'études.*

KOJIMACHI KOTO SHOGAKKO

(École primaire supérieure de Kojimachi)

Nº 804. — Cl. 28. — *Travaux manuels et dessins.*
Nº 805. — Cl. 28. — *Vue d'une salle d'études.*

KYOBASHI JINJO SHOGAKKO

(École primaire de Kyobashi)

Nº 798. — Cl. 28. — *Dessins libres coloriés.*

NIHOMBASHI KOTO SHOGAKKO
(ÉCOLE PRIMAIRE SUPÉRIEURE DE NIHOMBASHI)

N° 795. — Cl. 30. — *Ecran en bois.*
N° 794. — Cl. 30. — *Bateau en bois.*
N° 793. — Cl. 30. — *Vase à fleurs.*
N° 799. — Cl. 34. — *Broderies et tricots.*
N° 800. — Cl. 34. — *Petits sacs.*
N° 801. — Cl. 34. — *Petit sac à main en étoffe.*
N° 802. — Cl. 34. — *Petits sacs.*
N° 803. — Cl. 34. — *Pièces d'étoffe servant de parure.*

HITOTSUBASHI KOTO SHOGAKKO
(ÉCOLE PRIMAIRE SUPÉRIEURE DE HITOTSUBASHI)

N° 791. — Cl. 34. — *Robe de dessus.*
N° 792. — Cl. 34. — *Kimono ouaté.*

KYOTO KOTO KOGEI GAKKO
(ÉCOLE DES ARTS ET MÉTIERS DE KYOTO)

N° 742. — Cl. 34. — *Pièce de satin.*
N° 743. — Cl. 34. — *Tapis de table.*
N° 744. — Cl. 34. — *Crêpe « Yuzen ».*
N° 745. — Cl. 28. — *Travail de la teinture des étoffes* (photographie)
N° 746. — Cl. 28. — *Tissage des étoffes* (photographie).

KYOTO BIJUTSU KOGEI GAKKO
(ÉCOLE MUNICIPALE DES BEAUX-ARTS DE KYOTO)

N° 697. — Cl. 30. — *Dessin d'une étagère en laque.*
N° 765. — Cl. 30. — *Boîte à encrier japonais en laque.*
N° 766. — Cl. 30. — *Boîte laquée.*
N° 767. — Cl. 32. — *Dessin d'un vase à fleurs en faïence.*
N° 768. — Cl. 34. — *Dessin de teinture « Yuzen ».*
N° 769. — Cl. 31. — *Dessins de parure de dame.*
N° 770. — Cl. 34. — *Paravent peinture japonaise « Campagne au Printemps ».*

KYOTO KAIGA SEMMON GAKKO
(ÉCOLE MUNICIPALE DE PEINTURE DE KYOTO)

N° 830. — Cl. 34. — *Peinture japonaise « Paysage ».*
N° 831. — Cl. 34. — *Peinture japonaise « Mœurs ».*
N° 698. — Cl. 34. — *Peinture japonaise « Solitude au bord de l'eau »*
N° 699. — Cl. 34. — *Peinture japonaise « Eucalyptus ».*

KYOTO KOGYO GAKKO

(ÉCOLE MUNICIPALE DES ARTS ET MÉTIERS DE KYOTO)

Nº 839. — Cl. 34. — *Étoffe de soie « Yuzen ».*
Nº 840. — Cl. 34. — *Brocart « Tsuzureno-Nishiki ».*

OSAKA KOTO KOGYO GAKKO

(ÉCOLE INDUSTRIELLE D'OSAKA)

Nº 732. — Cl. 28. — *Vue d'ensemble de l'école* (photographie).

OSAKA JITSUGYO GAKKO

(ÉCOLE MUNICIPALE PROFESSIONNELLE D'OSAKA)

Nº 834. — Cl. 28. — *Dorage (Vue d'ensemble du travail).*
Nº 835. — Cl. 28. — *Vue d'une salle d'études (dessins).*
Nº 836. — Cl. 28. — *Vue d'une salle d'études (dessins).*

NISHINODA SHOKKO GAKKO

(ÉCOLE D'APPRENTISSAGE DE NISHINODA)

Nº 734. — Cl. 28. — *Vue d'ensemble de l'École.*
Nº 833. — Cl. 28. — *Salle d'étude du travail sur bois.*

IZUMIO JINJO KOTO SHOGAKKO

(ÉCOLE PRIMAIRE SUPÉRIEURE D'IZUMIO)

Nº 824. — Cl. 30. — *Canot automobile* (Jouet).

EDOBORI JINJO KOTO SHOGAKKO

(ÉCOLE PRIMAIRE SUPÉRIEURE D'EDOBORI)

Nº 788. — Cl. 34. — *Vêtement ouaté d'enfant.*
Nº 789. — Cl. 34. — *Robe de dame.*
Nº 700. — Cl. 34. — *Ceinture de dame.*
Nº 790. — Cl. 34. — *Robe.*

KITAOE JINJO KOTO SHOGAKKO

(ÉCOLE PRIMAIRE SUPÉRIEURE DE KITAOE)

Nº 797. — Cl. 28. — *Dessins coloriés exécutés de mémoire.*
Nº 797. — Cl. 28. — *Dessins libres coloriés.*
Nº 797. — Cl. 28. — *Dessins d'après nature.*

NAGOYA KOGEI GAKKO

(ÉCOLE MUNICIPALE DES ARTS ET MÉTIERS DE NAGOYA)

No 735. — Cl. 31. — *Boutons de manchettes.*
No 736. — Cl. 31. — *Boutons de manchettes.*
No 737. — Cl. 31. — *Pendentif.*
No 738. — Cl. 31. — *Pendentif.*
No 739. — Cl. 31. — *Sucrier en argent.*
No 740. — Cl. 30. — *Pièces de bois décoratives.*
No 741. — Cl. 30. — *Boîte à encrier japonais.*
No 753. — Cl. 34. — *Pièce d'étoffe « Fukusa ».*
No 754. — Cl. 31. — *Epingle de cravate.*
No 755. — Cl. 31. — *Epingle de cravate.*
No 756. — Cl. 31. — *Epingle de cravate.*
No 757. — Cl. 31. — *Epingle de cravate.*
No 758. — Cl. 31. — *Bague.*
No 759. — Cl. 30. — *Service de fumeur.*
No 760. — Cl. 30. — *Plateau.*
No 761. — Cl. 31. — *Lampe portative.*
No 762. — Cl. 30. — *Jouet.*
No 763. — Cl. 31. — *Vase à fleurs.*
No 764. — Cl. 30. — *Série de poupées et paravent.*
No 825. — Cl. 30. — *Jouet en bois.*
No 826. — Cl. 31. — *Porte-parapluies.*
No 827. — Cl. 31. — *Porte-parapluies.*
No 829. — Cl. 30. — *Commode.*

AICHI YOGYO GAKKO

(ÉCOLE DÉPARTEMENTALE DE PORCELAINE D'AICHI)

No 730. — Cl. 28. — *Vue d'ensemble du travail de la porcelaine : modelage.*
No 731. — Cl. 28. — *Vue d'ensemble du travail de la porcelaine : cuisson.*

HAMAMATSU KOGYO GAKKO

(ÉCOLE DÉPARTEMENTALE INDUSTRIELLE DE HAMAMATSU)

No 749. — Cl. 34. — *Etoffe pour ceinture et dessin.*
No 750. — Cl. 34. — *Etoffe pour ceinture et dessin.*
No 751. — Cl. 34. — *Dessin.*
No 752. — Cl. 34. — *Dessin.*

KIRIU KOTO KOGYO GAKKO

(ÉCOLE INDUSTRIELLE DE KIRIU)

No 747. — Cl. 34. — *Ceinture de dame.*
No 748. — Cl. 34. — *Ceinture de dame.*

ISHIKAWA KOGYO GAKKO
(École Départementale Industrielle d'Ishikawa)

Nº 780. — Cl. 32. — *Vase à fleurs en porcelaine.*

TOYAMA KOGEI GAKKO
(École Départementale des Arts et Métiers de Toyama)

Nº 778. — Cl. 34. — *Tableau.*
Nº 773. — Cl. 31. — *Brûle-parfums.*
Nº 774. — Cl. 31. — *Objet d'art en bronze.*
Nº 775. — Cl. 31. — *Objet d'art en bronze.*
Nº 776. — Cl. 31. — *Vase à fleurs.*
Nº 777. — Cl. 31. — *Vase à fleurs.*
Nº 771. — Cl. 30. — *Boîte à encrier japonais, laquée avec dessin en relief.*
Nº 772. — Cl. 30. — *Assiette à gâteaux.*

TOYAMA KOGYO GAKKO
(École Départementale Industrielle de Toyama)

Nº 953. — Cl. 34. — *Tableau.*

MEIJI SEMMON GAKKO
(École Polytechnique de Meiji)

Nº 733. — Cl. 28. — *Vue générale de l'Ecole.*

OSAKA ZOHEIKYOKU
(Hotel de la Monnaie d'Osaka)

Nº 952. — Cl. 10. — *Dessin sur métal, encadré.*

II. — CORÉE (Chosen)

N° 858. — Cl. 11. — *Assiette à gâteaux*; TOMITA Gisaku.
N° 859. — Cl. 11. — *Vase à fleurs en faïence*; TOMITA Gisaku.
N° 860. — Cl. 11. — *Assiette à gâteaux*; TOMITA Gisaku.
N° 861. — Cl. 21. — *Sac à main en jonc*; TOMITA Gisaku.
N° 862. — Cl. 21. — *Sac à main en jonc*; TOMITA Gisaku.
N° 863. — Cl. 21. — *Sac à main en jonc*; TOMITA Gisaku.
N° 902. — Cl. 11. — *Vase à fleurs en faïence*; KIN Horyu.
N° 903. — Cl. 8. — *Boîte à cigarettes en laque*; ZEN Seikei.
N° 948. — Cl. 8. — *Coffret en laque*; ZEN Seikei.

III. — FORMOSE (Taiwan)

N° 864. — Cl. 21. — *Peau de serpent*; NIPPON JAZOKU KENKYUSHO.
N° 865. — Cl. 21. — *Peau de serpent*; NIPPON JAZOKU KENKYUSHO.
N° 866. — Cl. 21. — *Canne en peau de serpent*; NIPPON JAZOKU KEN-KYUSHO.
N° 867. — Cl. 21. — *Canne en peau de serpent*; NIPPON JAZOKU KEN-KYUSHO.
N° 868. — Cl. 21. — *Canne en peau de serpent*; NIPPON JAZOKU KEN-KYUSHO.
N° 869. — Cl. 21. — *Sac à main en peau de serpent*; NIPPON JAZOKU KEN-KYUSHO.
N° 870. — Cl. 21. — *Sac à main en peau de serpent*; NIPPON JAZOKU KEN-KYUSHO.
N° 871. — Cl. 21. — *Cravate en peau de serpent*; NIPPON JAZOKU KEN-KYUSHO.
N° 872. — Cl. 21. — *Etui à cigarettes en peau de serpent*; NIPPON JAZOKU KENKYUSHO.
N° 873. — Cl. 14. — *Plante naturelle « Tsuso »*; KINSENHATSU-TSUSHI-KAISHA.
N° 874. — Cl. 14. — *Plante naturelle « Tsuso »*; KINSENHATSU-TSUSHI-KAISHA.
N° 875. — Cl. 14. — *Feuilles de « Tsuso »*; KINSENHATSU-TSUSHI-KAISHA.
N° 876. — Cl. 14. — *Feuilles de « Tsuso »*; KINSENHATSU-TSUSHI-KAISHA.
N° 877. — Cl. 14. — *Feuilles de « Tsuso »*; KINSENHATSU-TSUSHI-KAISHA.

Nᵒ 878. — Cl. 14. — *Feuilles de « Tsuso »*; KINSENHATSU-TSUSHI-KAISHA.
Nᵒ 879. — Cl. 14. — *Feuilles de « Tsuso »*; KINSENHATSU-TSUSHI-KAISHA,
Nᵒ 880. — Cl. 14. — *Carte postale illustrée en feuille de « Tsuso »*; KINSEN
HATSU-TSUSHI-KAISHA.
Nᵒ 881. — Cl. 13. — *Fibre de ramie*; NIPPON BOSHOKU KAISHA.
Nᵒ 882. — Cl. 13. — *Fil de ramie*; NIPPON BOSHOKU KAISHA.
Nᵒ 883. — Cl. 22. — *Chapeau* ; DAISEI-SHOKAI.
Nᵒ 884. — Cl. 22. — *Chapeau* ; DAISEI-SHOKAI.
Nᵒ 885. — Cl. 22. — *Chapeau* ; DAISEI-SHOKAI.
Nᵒ 886. — Cl. 22. — *Chapeau* ; DAISEI-SHOKAI.
Nᵒ 887. — Cl. 21. — *Etui à cigarettes* ; DAISEI-SHOKAI.
Nᵒ 888. — Cl. 14. — *Feuilles de « Tsuso »* ; DAISEI-SHOKAI.
Nᵒ 889. — Cl. 8. — *Feuilles de « Tsuso »* ; DAISEI-SHOKAI.
Nᵒ 890. — Cl. 8. — *Eventail décoratif* ; DAISEI-SHOKAI.
Nᵒ 891. — Cl. 21. — *Etui à cigarettes* ; DAISEI-SHOKAI.
Nᵒ 894. — Cl. 13. — *Chanvre naturel, dit manille* ; DAISEI-SHOKAI.
Nᵒ 892. — Cl. 21. — *Sac à main* ; SEIBANYA.
Nᵒ 893. — Cl. 21. — *Sac à main* ; SEIBANYA.
Nᵒ 895. — Cl. 9. — *Corail blanc* ; OGAWA Naoma.
Nᵒ 896. — Cl. 9. — *Corail rose* ; NAGAMATSU Tatsunosuke.
Nᵒ 897. — Cl. 9. — *Corail rose* ; TAJIRI Heihachiro.
Nᵒ 898. — Cl. 9. — *Corail rose* ; FUKUI Kikutaro.

GALERIE
DES SECTIONS ÉTRANGÈRES

Esplanade des Invalides

I. — VITRINE

Nº 482. — Cl. 11. — *Vase en faïence;*
FUKAGAWA Eizaemon.

Nº 634. — Cl. 11. — *Pot à thé en faïence* (3.370 fr.);
TOSHIOKA Shinji.

Nº 436. — Cl. 8. — *Vase en faïence ;*
YUKI Tetsuo.

Nº 635. — Cl. 11. — *Tasses à café avec soucoupes en porcelaine*
TANIGUCHI Kichijiro.   (la douzaine : 1.440 fr.);

Nº 485. — Cl. 8. — *Boîte laquée ;*
MATSUDA Gonroku.

Nº 670. — Cl. 11. — *Service à thé en porcelaine* (12.150 fr.) ;
FUKAGAWA Chuji.

Nº 644. — Cl. 11. — *Bol décoratif en porcelaine* (840 fr.);
SHIMIZU Bizan.

Nº 594. — Cl. 8. — *Boîte à papier laquée* (4.200 fr.);
OHTANI Kankichi.

Nº 429. — Cl. 8. — *Plateau en laque sculptée ;*
TSUISHU Katsuhiko.

Nº 521. — Cl. 11. — *Chopes en faïence* (la série : 1.690 fr.);
KAWAI Unosuke.

N° 522. — Cl. 11. — *Chopes en faïence* (la série : 1.690 fr.);
KAWAI Unosuke.
N° 650. — Cl. 8. — *Plateau décoratif, laqué* (3.960 fr.);
NAKAMURA Kitaro.
N° 576. — Cl. 11. — *Bol décoratif en porcelaine avec socle* (1.930 fr.);
TOMINAGA Jinshiro.
N° 449. — Cl. 8. — *Plateau laqué* (4.340 fr.);
TOGASHI Mitsunari.
N° 609. — Cl. 8. — *Boîte à papier et boîte à encrier japonais laquées*,
OKAMOTO Sensuke.   (14.410 fr.);
N° 200. — Cl. 8. — *Pot laqué* (7.500 **fr.**);
AKATSUKA Jitoku.
N° 603. — Cl. 9. — *Boîtes à papier laquées* (la série : 16.330 fr.);
TSUCHIYAMA Koshu.
N° 604. — Cl. 9. — *Boîte à cigarettes, laquée* (1.462 fr.);
TSUCHIYAMA Koshu.
N° 602. — Cl. 8. — *Coffret laqué* (9.610 fr.);
TOJIMA Kofu.
N° 475. — Cl. 11. — *Petites assiettes en porcelaine* (la pièce 300 fr.);
NAKUMARA Shuto.
N° 430. — Cl. 8. — *Coffret laqué ;*
MINO Gado.
N° 451. — Cl. 8. — *Coffret en bois ;*
AOKI Sotokichi.
N° 447. — Cl. 10. — *Petit miroir* (6.250 fr.);
KAWASHIMA Toshu.
N° 411. — Cl. 8. — *Table basse laquée* (3.660 fr.);
OKADA Setsujo.
N° 461. — Cl. 11. — *Coupe en porcelaine* (2.400 fr.);
YAGUCHI Eiju.
N° 647. — Cl. 8. — *Plateau laqué* (9.000 fr.);
OGAKI Masanori.
N° 629. — Cl. 11. — *Vase en porcelaine et socle* (1.450 fr.);
MORI Gankado.
N° 608. — Cl. 8. — *Assiette laquée* (1.926 fr.);
KODA Shuetsu.
N° 580. — Cl. 8. — *Statuette en bois sculptée* (17.300 fr.);
KIJIMA Yoshimune.
N° 518. — Cl. 11. — *Bol décoratif en faïence* (850 fr.);
MORI Kintaro.
N° 530. — Cl. 11. — *Grand bol de faïence et socle* (4.800 fr.);
YABU Meizan.

N° 672. — Cl. 8. — *Plateau en carton laqué* (1.410 fr.);
KURODA Chujio.
N° 448. — Cl. 8. — *Coffret en bois de santal rouge* (24.000 fr.);
KIUCHI Seiko.
N° 648. — Cl. 11. — *Chandeliers en faïence* (la paire : 300 fr.);
IDE Zentaro.
N° 511. — Cl. 8. — *Tables basses laquées* (la paire : 680 fr.);
SHINO Hatsusaburo.
N° 953. — Cl. 8. — *Boîte laquée* (42.020 fr.);
UEMATSU Hobi.

II. — VITRINE

N° 606. — Cl. 8. — *Grand plateau laqué* (2.290 fr.);
INAGAKI Magoichiro.
N° 601. — Cl. 8. — *Plateaux laqués* (340 fr.);
SAKAMOTO Ikkei.
N° 50. — Cl. 10. — *Bouilloire en fonte* (3.000 fr.);
MIYAZAKI Kanki.
N° 215. — Cl. 10. — *Vase en fonte* (1.810 fr.);
NAMBU TETSUBIN DOGYO KUMIAI.
N° 342. — Cl. 10. — *Bouilloire en fonte* (1.020 fr.);
MIZOGUCHI Yasunosuke.
N° 417. — Cl. 11. — *Cruche en faïence* (97 fr.);
SAKA Koraizaemon.
N° 418. — Cl. 11. — *Cruche en faïence* (97 fr.);
SAKA Koraizaemon.
N° 425. — Cl. 11. — *Service à café en porcelaine*;
NAKAZATO Mimata.
N° 437. — Cl. 11. — *Vase en porcelaine et socle*;
ISHIKAWA KENRITSU KOGYO GAKKO.
N° 441. — Cl. 10. — *Bouilloire en fonte* (350 fr.);
SATO Tokutaro.
N° 444. — Cl. 8. — *Boîtes à mouchoirs en bambou laqué* (la pièce : 100 fr.);
HIROSE Seiji.
N° 450. — Cl. 8. — *Cruche en faïence*;
INOUYE Fusataro.
N° 452. — Cl. 11. — *Vase en faïence*;
YAMATO Harunobu.

Nº 456. — Cl. 8. — *Plateau laqué* (3.610 fr.);
SHIBAYAMA Somei.

Nº 473. — Cl. 10. — *Vase applique en cuivre* (3.010 fr.);
HOMMA Takusai.

Nº 477. — Cl. 10. — *Cache-pot en fonte* (2.420 fr.);
KOIZUMI Nizaemon.

Nº 478. — Cl. 10. — *Cache-pot en fonte* (3.020 fr.);
KOIZUMI Nizaemon.

Nº 488. — Cl. 8. — *Pendule bois sculpté* (12.000 fr.);
HATA Shokichi.

Nº 498. — Cl. 11. — *Brûle-parfums en porcelaine et socle* (11.530 fr.);
MIYAGAWA Kozan.

Nº 501. — Cl. 10. — *Cache-pot en fonte* (2.420 fr.);
KOIZUMI Nizaemon.

Nº 504. — Cl. 10. — *Bouilloire en fonte* (965 fr.);
SUNAKOZAWA Heizaburo.

Nº 520. — Cl. 8. — *Caissette pour service à thé* (2.410 fr.);
TACHIBANA Fuetsu.

Nº 523. — Cl. 11. — *Bassin en faïence* (3.400 fr.);
MASHIMIZU Zoroku.

Nº 527. — Cl. 10. — *Bouilloire en fonte* (1.730 fr.);
SANO Yasuke.

Nº 546. — Cl. 8. — *Assiette à gâteaux en bois* (220 fr.);
SAKAMOTO Sakae.

Nº 547. — Cl. 8. — *Boîtes à papier en bois* (la série : 1.580 fr.);
TAKAHASHI Kansanjin.

Nº 548. — Cl. 8. — *Coffret laqué* (615 fr.);
NISHIMURA Takijiro.

Nº 570. — Cl. 8. — *Boîte laquée* (1.810 fr.);
KOMATSU Wataro.

Nº 571. — Cl. 8. — *Cache-pot en bois sculpté et laqué* (la série : 4.210 fr.);
SANUKI KOGEI KWAISHA.

Nº 577. — Cl. 11. — *Vase en faïence recouvert de bambou* (140 fr.);
KATO Masao.

Nº 582. — Cl. 8. — *Plateau en bois sculpté pour service à café* (482 fr.);
KINOSHITA Chutaro.

Nº 583. — Cl. 11. — *Vase en faïence sur socle* (1.205 fr.);
NAKAJIMA Hideichi.

Nº 632. — Cl. 9. — *Boîte à faux-cols laquées* (la pièce : 110 fr.);
TOYAMA SHIKKIGYO KUMIAI.

Nº 633. — Cl. 8. — *Boîte à papier en bois* (1.930 fr.);
MURAKAMI KOGEIKAI.

Nº 643. — Cl. 8. — *Boîte à papier en bois* (7.210 fr.);
ADACHI Shozan.

Nº 646. — Cl. 11. — *Vase en porcelaine et socle* (5.770 fr.);
KUWADA Yojuro.

Nº 649. — Cl. 11. — *Statuettes en porcelaine* (la série : 370 fr.);
ISHIZAKI Ban.

Nº 651. — Cl. 11. — *Lion en porcelaine* (1.540 fr.);
MIYAMOTO Kahei.

Nº 665. — Cl. 9. — *Coffret à bijoux laqué et incrusté de nacre* (8.700 fr.);
FUTAEDA Teijiro.

Nº 671. — Cl. 8. — *Boîte à papier laquée* (1.190 fr.);
KURODA Chujio.

Nº 673. — Cl. 11. — *Brasero en faïence* (60 fr.);
TOKONAME TOKI DOGYOKUMIAI.

Nº 681. — Cl. 11. — *Vases en faïence* (la paire : 480 fr.);
KAWAMURA Gumi.

Nº 690. — Cl. 11. — *Petites assiettes en porcelaine* (la série : 125 fr.);
SONE Shozo.

Nº 438. — Cl. 11. — *Vase en porcelaine*;
MIYAGAWA Kozan.

Nº 48. — Cl. 10. — *Bouilloire en fonte* (362 fr.);
KIKUCHI Kumaji.

Nº 688. — Cl. 8. — *Boîtes laquées* ;
NAKAMURA Kaju.

III. — VITRINE

Nº 156. — Cl. 9. — *Canne en écaille* (3.500 fr.);
HOSAKA Kozan.

Nº 845. — Cl. 8. — *Canne en fanon* (725 fr.);
ISANA SHOKWAI.

Nº 846. — Cl. 8. — *Canne à poignet* (220 fr.);
ISANA SHOKWAI.

Nº 46. — Cl. 15. — *Reproduction d'une ancienne estampe* (290 fr.);
SHIMBISHOIN.

Nº 71. — Cl. 15. — *Gravure sur bois* (dessin de SEIEN) (128 fr.);
NIPPON MOKUHAN INSATSU KWAISHA.

Nº 72. — Cl. 15. — *Gravure sur bois* (dessin de TSUNETOMI) (128 fr.) ;
NIPPON MOKUHAN INSATSU KWAISHA.

Nº 76. — Cl. 21. — *Ombrelle* (75 fr.);
MATSUSHIMA Fukutaro.
Nº 77. — Cl. 21. — *Ombrelle* (67 fr.);
MATSUSHIMA Fukutaro.
Nº 78. — Cl. 21. — *Ombrelle* (60 fr.);
MATSUSHIMA Fukutaro.
Nº 79. — Cl. 21. — *Ombrelle* (58 fr.);
MATSUSHIMA Fukutaro.
Nº 80. — Cl. 15. — *Gravure sur bois* (dessin de Shinsui ITO) (300 fr.);
WATANABE Shozaburo.
Nº 81. — Cl. 15. — *Gravure sur bois* (dessin de Hasui KAWASE) (292 fr.);
WARTANABE Shozaburo.
Nº 94. — Cl. 21. — *Eventails* ;
HAIBARA Naojiro.
Nº 171. — Cl. 21. — *Eventail ivoire* (365 fr.);
SAKATA Bunsuke.
Nº 172. — Cl. 21. — *Eventail ivoire* (365 fr.);
SAKATA Bunsuke.
Nº 173. — Cl. 21. — *Eventail de nacre* (293 fr.);
SAKATA Bunsuke.
Nº 174. — Cl. 21. — *Eventail en écaille* (290 fr.);
SAKATA Bunsuke.
Nº 175. — Cl. 21. — *Eventails en bambou* (la paire : 440 fr.);
SAKATA Bunsuke.
Nº 189. — Cl. 21. — *Cannes poignée ivoire* (les trois : 2.120 fr.);
SHINO Shuichi.
Nº 266. — Cl. 21. — *Eventail (soie et ivoire)* (815 fr.);
ISHIZUMI Kisaburo.
Nº 267. — Cl. 21. — *Eventail (soie et ivoire)* (716 fr.);
ISHIZUMI Kisaburo.
Nº 268. — Cl. 21. — *Eventail (soie et ivoire)* (617 fr.) ;
ISHIZUMI Kisaburo.
Nº 269. — Cl. 21. — *Eventail (soie et ivoire)* (177 fr.);
ISHIZUMI Kisaburo.
Nº 270. — Cl. 21. — *Eventail (soie et ivoire)* (157 fr.);
ISHIZUMI Kisaburo.
Nº 271. — Cl. 21. — *Eventail (soie et ivoire)* (147 fr.);
ISHIZUMI Kisaburo.
Nº 285. — Cl. 24. — *Peigne d'écaille laquée* (245 fr.);
HAYAMIZU Takusai.
Nº 286. — Cl. 24. — *Peigne d'écaille laquée* (188 fr.);
HAYAMIZU Takusai.

No 287. — Cl. 24. — *Peigne d'écaille laquée* (188 fr.);
HAYAMIZU Takusai.
No 288. — Cl. 24. — *Epingles à cheveux en celluloïd* (60 fr.);
HAYAMIZU Takusai.
No 289. — Cl. 24. — *Epingles à cheveux en celluloïd* (60 fr.);
HAYAMIZU Takusai.
No 290. — Cl. 24. — *Collier de perles d'imitation* (52 fr.);
HAYAMIZU Takusai.
No 291. — Cl. 24. — *Collier de perles d'imitation* (28 fr.);
HAYAMIZU Takusai.
No 292. — Cl. 24. — *Collier de perles d'imitation* (13 fr.);
HAYAMIZU Takusai.
No 293. — Cl. 24. — *Collier en perles d'imitation* (30 fr.);
HAYAMIZU Takusai.
No 294. — Cl. 24. — *Bracelet en perles d'imitation* (88 fr.);
HAYAMIZU Takusai.
No 295. — Cl. 24. — *Bracelet en perles d'imitation* (68 fr.);
HAYAMIZU Takusai.
No 296. — Cl. 24. — *Bracelet en perles d'imitation* (60 fr.);
HAYAMIZU Takusai.
No 297. — Cl. 9. — *Miroir à cadre celluloïd;*
TADONO Shinzo.
No 305. — Cl. 21. — *Eventails* (295 fr.);
HIMURO Shozaburo.
No 306. — Cl. 21. — *Eventails ronds sculptés* (198 fr.);
HIMURO Shozaburo.
No 308. — Cl. 21. — *Eventails* (50 fr.);
AKIHO Tetsutaro.
No 309. — Cl. 21. — *Eventail pour hommes* (37 fr.);
AKIHO Tetsutaro.
No 310. — Cl. 21. — *Eventail pour dames* (30 fr.);
AKIHO Tetsutaro.
No 311. — Cl. 21. — *Eventail pour dames* (38 fr.);
AKIHO Tetsutaro.
No 312. — Cl. 21. — *Eventails pour cérémonie* (la paire : 180 fr.);
AKIHO Tetsutaro.
No 317. — Cl. 21. — *Eventail* (15 fr.);
FUJITA Teijiro.
No 318. — Cl. 21. — *Eventail* (9 fr.);
FUJITA Teijiro.
No 319. — Cl. 21. — *Eventail* (19 fr.);
FUJITA Teijiro.

N° 320. — Cl. 21. — *Eventail* (965 fr.);
MIEDO Senami.
N° 321. — Cl. 21. — *Eventail* (290 fr.);
MIEDO Senami.
N° 322. — Cl. 21. — *Eventail* (30 fr.);
MIEDO Senami.
N° 323. — Cl. 21. — *Eventail* (195 fr.);
AKIHO Tetsutaro.
N° 324. — Cl. 21. — *Eventail* (98 fr.);
AKIHO Tetsutaro.
N° 325. — Cl. 21. — *Eventail* (10 fr.);
AKIHO Tetsutaro.
N° 326. — Cl. 21. — *Eventail pour hommes* (37 fr.);
AKIHO Tetsutaro.
N° 327. — Cl. 21. — *Eventail* (1.590 fr.);
GODOBUSSAN KABUSHIKIKAISHA.
N° 328. — Cl. 21. — *Eventail* (43 fr.);
GODOBUSSAN KABUSHIKIKAISHA.
N° 329. — Cl. 21. — *Eventail* (la pièce : 83 fr.);
SAKATA Bunsuke.
N° 330. — Cl. 21. — *Eventail* (64 fr.);
SAKATA Bunsuke.
N° 331. — Cl. 21. — *Eventail* (49 fr.);
SAKATA Bunsuke.
N° 332. — Cl. 21. — *Eventail* (10 fr.);
SAKATA Bunsuke.
N° 333. — Cl. 21. — *Eventail* (10 fr.);
SAKATA Bunsuke.
N° 489. — Cl. 15. — *Estampes modernes* (4.350 fr.);
HASHIGUCHI Mitsugu.
N° 525. — Cl. 9. — *Fume-cigarettes et peignes en celluloïd*;
KOYAMA CELLULOID & Cº.
N° 532. — Cl. 15. — *Gravure sur bois* (la pièce : 21 fr.);
MIYAKE Halyoh.
N° 533. — Cl. 15. — *Gravure sur bois* (10 fr.);
MIYAKE Halyoh.
N° 538. — Cl. 21. — *Eventail* (6 fr.);
MARUGAME DANSENGYOKUMIAI.
N° 552. — Cl. 21. — *Ombrelle en soie* (47 fr.);
SANUKI KASA DOGYO KUMIAI.
N° 553. — Cl. 21. — *Ombrelle en soie* (47 fr.);
SANUKI KASA DOGYO KUMIAI.

N° 554. — Cl. 21. — *Ombrelle en soie* (23 fr.);
SANUKI KASA DOGYO KUMIAI.
N° 555. — Cl. 21. — *Ombrelle en soie* (23 fr.);
SANUKI KASA DOGYO KUMIAI.
N° 556. — Cl. 21. — *Ombrelle en soie* (20 fr.);
SANUKI KASA DOGYO KUMIAI.
N° 557. — Cl. 21. — *Ombrelle en soie* (20 fr.);
SANUKI KASA DOGYO KUMIAI.
N° 558. — Cl. 21. — *Canne en baleine* (654 fr.);
MATOBA Eikichi.
N° 560. — Cl. 21. — *Fouet en baleine* (462 fr.);
MATOBA Eikichi.
N° 565. — Cl. 21. — *Éventails* (la série : 17 fr.);
OMORI Toranosuke.
N° 573. — Cl. 16. — *Jeu chinois « Mah Jong » en celluloïd* (1.045 fr.);
DAINIHON CELLULOID KAISHA.
N° 574a. - Cl. 24. — *Peignes en celluloïd* (la série : 655 fr.);
DAINIHON CELLULOID KAISHA.
N° 574b. - Cl. 9. — *Nécessaire de bureau en celluloïd*;
DAINIHON CELLULOID KAISHA.
N° 587. — Cl. 21. — *Canne en bambou noueux* (290 fr.);
SEGAWA Chujiro.
N° 588. — Cl. 21. — *Canne en bambou noueux* (165 fr.);
SEGAWA Chujiro.
N° 589. — Cl. 21. — *Canne de bambou* (117 fr.);
SEGAWA Chujiro.
N° 590. — Cl. 21. — *Canne de bambou* (117 fr.);
SEGAWA Chujiro.
N° 693. — Cl. 18. — *Violoncelle avec 2 archets et boîte* (5.000 fr.);
SUZUKI Masakichi.
N° 694. — Cl. 18. — *Violon avec 2 archets et boîte* (1.620 fr.);
SUZUKI Masakichi.
N° 134. — Cl. 14. — *Abat-jour* ;
MURASE Eikichi.
N° 137. — Cl. 14. — *Abat-jour*;
MURASE Eikichi.
N° 139. — Cl. 14. — *Abat-jour* (130 fr.);
MURASE Eikichi.
N° 140. — Cl. 14. — *Abat-jour* (142 fr.);
TESHIGAWARA Naojiro.
N° 141. — Cl. 14. — *Abat-jour* (120 fr.);
TESHIGAWARA Naojiro.

N° 142. — Cl. 14. — *Abat-jour*;
TESHIGAWARA Naojiro.
N° 143. — Cl. 14. — *Abat-jour* (65 fr.);
TESHIGAWARA Naojiro.
N° 144. — Cl. 14. — *Abat-Jour* (107 fr.);
TESHIGAWARA Naojiro.
N° 145. — Cl. 14. — *Abat-jour* (42 fr.);
TESHIGAWARA Naojiro.
N° 146. — Cl. 14. — *Abat-jour* (42 fr.);
TESHIGAWARA Naojiro.
N° 56. — Cl. 14. — *Abat-jour pour lampe électrique* (la paire : 290 fr.);
SUZUKI Toramatsu.
N° 62. — Cl. 14. — *Abat-jour pour lampe électrique* (385 fr.);
TESHIGAWARA Naojiro.
N° 63. — Cl. 14. — *Abat-jour pour lampe électrique* (710 fr.);
TESHIGAWARA Naojiro.
N° 64. — Cl. 14. — *Abat-jour pour lampe électrique* (120 fr.);
TESHIGAWARA Naojiro.

IV. — VITRINE

N° 97. — Cl. 8. — *Lampe portative avec abat-jour en bambou* (4.340 fr.);
MORITA Shintaro.
N° 105. — Cl. 8. — *Boîte en bambou* (2.890 fr.);
YAMASHITA Rikimatsu.
N° 203. — Cl. 8. — *Corbeille à fleurs en bambou* (19.200 fr.);
IIZUKA Hochiku.
N° 409. — Cl. 8. — *Corbeille à fleurs en bambou*;
OKADA Chikukosai.
N° 410. — Cl. 8. — *Corbeille à fleurs en bambou*;
NIIGATA CHIKKOJO.
N° 405. — Cl. 8. — *Corbeille à fleurs en baleine* (8.430 fr.);
NAKAMURA Kintaro.
N° 416. — Cl. 8. — *Corbeille à fleurs en bambou* (1.800 fr.);
SASAKI Kogakusai.
N° 445. — Cl. 8. — *Corbeille à fleurs en bambou* (6.600 fr.);
IIZUKA Kyokusho.

No 469. — Cl. 8. — *Corbeille à fleurs en bambou;*
    MORIYAMA Kosho.

No 474. — Cl. 8. — *Vase à fleurs en bambou* (5.410 fr.);
    HIRAI Kyusai.

No 505. — Cl. 10. — *Lampe électrique en cuivre incrusté or, abat-jour soie*
    KONO Yoshinosuke.   (la série : 2.930 fr.);

No 509. — Cl. 10. — *Lampe électrique en émail cloisonné avec abat-jour*
    KONO Yoshinosuke.   *en soie* (2.340 fr.);

No 510. — Cl. 10. — *Lampe électrique en émail cloisonné incrustations or,*
    KONO Yoskinosuke.   *abat-jour soie* (3.000 fr.):

No 563. — Cl. 8. — *Corbeille en bambou* (la série : 175 fr.);
    SAYEGI Tamotsu.

No 564. — Cl. 8. — *Corbeille en bambou* (la série : 117 fr.);
    SAYEGI Tamotsu.

No 572. — Cl. 10. — *Lampe électrique en bronze* (3.100 fr.);
    SHIMA Sahei.

No 584. — Cl. 8. — *« Chasen » en bambou* (objet pour la cérémonie du
    NARA CHASENGYO KUMIAI.   thé) (110 fr.);

No 662. — Cl. 8. — *Corbeille à fleurs en bambou* (125 fr.);
    TSUKUDA Shinichi.

No 663. — Cl. 8. — *Corbeille à fleurs en bambou* (125 fr.);
    KAMISUGI Akisuke.

No 664. — Cl. 8. — *Vase à fleurs en bambou* (195 fr.);
    SATO Hoitsu.

No 627. — Cl. 8. — *Abat-jour avec franges* (la série : 3.460 fr.);
    MORITA Shintaro.

No 628. — Cl. 8. — *Corbeille en bambou* (2.400 fr.);
    MORITA Shintaro.

No 640. — Cl. 8. — *Corbeille à fleurs en bambou* (725 fr.);
    NIIGATA CHIKKOJO.

No 655. — Cl. 8. — *Corbeille en bambou* (970 fr.);
    SATO Chiyota.

No 675. — Cl. 8. — *Couteau, cuiller et fourchette en bambou* (4 fr.);
    MORITA Shozo.

No 676. — Cl. 8. — *Fourchettes à fruits en bambou* (la pièce : 8 fr.);
    MORITA Shozo.

No 677. — Cl. 8. — *Coupe-papier en bambou* (la douz. : 8 fr.);
    MORITA Shozo.

No 678. — Cl. 8. — *Série de crochets* (3 fr.);
    MORITA Shozo.

No 679. — Cl. 8. — *Série de crochets* (3 fr.);
    MORITA Shozo.

N° 680. — Cl. 8. — *Hameçons* (la douz. : 4 fr.);
MORITA Shozo.
N° 298. — Cl. 10. — *Lampe en émail cloisonné* (996 fr.);
TAKAO Sadashichi.

V. — ÉTALAGE

N° 492. — Cl. 8. — *Panier en « akebi »* (422 fr.);
YAGIHASHI Bunnosuke.

N° 691. — Cl. 8. — *Valise en saule* (350 fr.);
NISHIYAMA Chujiro.

N° 495. — Cl. 8. — *Panier en « akebi »;*
KATAGIRI Takezo.

N° 595. — Cl. 8. — *Valises en saule* (la série de 3 : 530 fr.);
TAJIMA YANAGI KORI KUMIAI.

N° 529. — Cl. 14. — *Papier de soie* (une rame : 128 fr.);
TOSAGAMI KABUSHIKI KWAISHA.

N° 569. — Cl. 8. — *Cage en bambou* (550 fr.);
HAYASHI Fukutaro.

N° 682. — Cl. 14. — *Papier « Tengujo »* (100 feuilles : 48 fr.);
MATSUI Sanjiro.

N° 683. — Cl. 14. — *Papier « Gampi »* (100 feuilles : 12 fr.);
MATSUI Sanjiro.

N° 494. — Cl. 8. — *Corbeille en « akebi »* (212 fr.);
MIYAKOSHI Tasuke.

N° 581. — Cl. 8. — *Corbeille en rotin* ;
UKAWA Yasuzo.

N° 566. — Cl. 8. — *Coussin en rotin pour chaise longue* (290 fr.);
FUKADA Matsunosuke.

N° 593. — Cl. 8. — *Coupe à gâteaux tressée en bois* (10 fr.);
NAKAMURA Matsujiro.

N° 684. — Cl. 13. — *Chanvre tressé* (le paquet : 120 fr.);
SHIZUOKAKEN ASASANADA ASADAMA DOGYO
KUMIAI.

N° 685. — Cl. 13. — *Chanvre tressé* (le paquet : 120 fr.)
SHIZUOKAKEN ASASANADA ASADAMA DOGYO
KUMIAI.

N⁰ 686. — Cl. 13. — *Chanvre tressé* (le paquet : 120 fr.)
SHIZUOKAKEN ASASANADA ASADAMA DOGYO KUMIAI.

N⁰ 687. — Cl. 13. — *Chanvre tressé* (le paquet : 120 fr.)
SHIZUOKAKEN ASASANADA ASADAMA DOGYO KUMIAI.

N⁰ 596. — Cl. 8. — *Corbeille à pain en rotin* (la série de 3 : 53 fr.)
NAKADA Iwamatsu.

N⁰ 597. — Cl. 8. — *Corbeille à gâteaux en thuya* (la série : 12 fr.);
NAKADA Iwamatsu.

N⁰ 598. — Cl. 8. — *Corbeille à pain en thuya* (la série de 4 : 12 fr.);
NAKADA Iwamatsu.

N⁰ 512. — Cl. 13. — *Chanvre tressé*;
NIPPON YUSHUTSU ASASANADA DOGYO KUMIAI

N⁰ 534. — Cl. 8. — *Panier en rotin* (45 fr.);
YANAGIDA Ikujiro.

N⁰ 535. — Cl. 8. — *Panier en rotin* (38 fr.);
YANAGIDA Ikujiro.

N⁰ 536. — Cl. 8. — *Panier en rotin* (30 fr.);
YANAGIDA Ikujiro.

N⁰ 539. — Cl. 13. — *Paille tressée* (20 fr.);
SAKATA Okizo.

N⁰ 540. — Cl. 14. — *Papier à copie* (100 feuilles : 72 fr.);
UEDA SHOTEN.

N⁰ 541. — Cl. 13. — *Paille tressée* (16 fr.);
CHUDO Shinji.

N⁰ 542. — Cl. 13. — *Paille tressée* (16 fr.);
OGASAWARA Mitsutaro.

N⁰ 543. — Cl. 13. — *Paille tressée* (19 fr.);
FUJII Yaoji.

N⁰ 544. — Cl. 13. — *Paille tressée* (19 fr.);
FUJII Kisaburo.

N⁰ 545. — Cl. 13. — *Paille tressée* (18 fr.);
OGASAWARA Ritsusaburo.

N⁰ 549. — Cl. 13. — *Paille tressée* (27 fr.)
TAKAHASHI Taro.

N⁰ 513. — Cl. 13. — *Sparterie* ;
KANNO Masatake.

N⁰ 514. — Cl. 13. — *Sparterie* ;
KANNO Masatake.

N⁰ 515. — Cl. 13. — *Sparterie* ;
KANNO Masatake.

N° 516. — Cl. 13. — *Sparterie ;*
        KANNO Masatake.
N° 517. — Cl. 13. — *Sparterie ;*
        KANNO Masatake.
N° 496. — Cl. 8. — *Corbeille à fleurs en « ahebi »* (1.100 fr.);
        YOSHIO Genzo.
N° 497. — Cl. 8. — *Panier à main en « ahebi »* (870 fr.);
        YOSHIO Genzo.

VI. — ÉTALAGE

N° 55. — Cl. 14. — *Chandeliers en bois* (la paire : 350 fr.);
        SUZUKI Toramatsu.
N° 454. — Cl. 8. — *Brasero en bois;*
        OGAWA Yuzan.
N° 519. — Cl. 8. — *Étagère en pin ;*
        TAKAHASHI Seitaro.
N° 484. — Cl. 8. — *Corbeille à fleurs en bambou* (9.000 fr.);
        IIZUKA Hochiku.
N° 524. — Cl. 11. — *Pot décoratif en faïence* (1.105 fr.);
        EIRAKU Zengoro.
N° 44. — Cl. 15. — *Reproduction d'une ancienne peinture encadrée*
        SHIMBISHOIN.   (200 fr.);
N° 165. — Cl. 13. — *Paravent brodé ;*
        FUJII Seki.
N° 431. — Cl. 11. — *Compotier en faïence* (1.440 fr.);
        KAWAMURA Seizan.
N° 471. — Cl. 11. — *Service à thé en faïence* (190 fr.);
        NAGAOKA Juemon.
N° 210. — Cl. 9. — *Statuette en ivoire et socle* (5.910 fr.);
        ONISHI Shoten.
N° 667. — Cl. 13. — *Tapis de coton* (la pièce : 405 fr.);
        EJIMA Takichi.
N° 537. — Cl. 8. — *Plateaux laqués* (la série : 300 fr.);
        MATSUDA Haruji.

VII. — ÉTALAGE

No 135. — Cl. 14. — *Lanterne de Gifu* (100 fr.);
OZEKI Gishichi.

No 58. — Cl. 14. — *Lanternes de Gifu* (la paire : 1.170 fr.);
TESHIGAWARA Naojiro.

No 493. — Cl. 18. — *Guéridon en « akehbi »* (870 fr.);
YAGIHASHI Bunnosuke.

No 631. — Cl. 8. — *Corbeille à fleurs en bambou* (1.020 fr.);
OKADA Chikukosai.

No 656. — Cl. 13. — *Natte imprimée* (110 fr.);
FUKUOKA KWAEN DOGYO KUMIAI.

No 483. — Cl. 8. — *Lampe électrique avec abat-jour en soie* (930 fr.);
KONISHI Chujiro.

No 586. — Cl. 8. — *Fleurs en bois sculpté, encadrées* (980 fr.);
MORI Kojiro.

No 551. — Cl. 8. — *Paravent en bois sculpté* (5.850 fr.);
HONDA Tokujiro.

No 412. — Cl. 8. — *Fauteuil laqué (travail spécial) genre ancien*
SHINOHARA Yoshio.   (1.380 fr.);

No 413. — Cl. 8. — *Fauteuil laqué (travail spécial) genre ancien*
SHINOHARA Yoshio.   (1.722 fr.);

No 414. — Cl. 8. — *Table laquée (travail spécial) genre ancien* (2.530 fr.);
SHINOHARA Yoshio.

VIII. — ÉTALAGE

No 578. — Cl. 13. — *Tapis de soie*;
YOSHIDA Shikanosuke.

No 408. — Cl. 8. — *Corbeille à fleurs en bambou*;
OKADA Chikukosai.

No 575. — Cl. 10. — *Dessin en cuivre repoussé, encadré* (965 fr.);
ISONO Saburo.

No 654. — Cl. 8. — *Paravent en bois laqué* (14.450 fr.);
MURAKAMI KOGEIKWAI.

No 434. — Cl. 11. — *Vase en faïence et socle*;
FUKAGAWA Eizaemon.

N° 89. — Cl. 9. — *Petit meuble laqué avec inscrustations de nacre*
        KIMURA Isajiro.   (4.900 fr.);

N° 119. — Cl. 8. — *Boîte en bambou* (14.400 fr.);
        IIZUKA Rokansai.

IX. — ÉTALAGE

N° 55. — Cl. 14. — *Chandeliers en bois* (la paire : 350 fr.);
        SUZUKI Toramatsu.

N° 901. — Cl. 11. — *Petit vase en faïence* ;
        SAKA Koraizaemon.

N° 667. — Cl. 13. — *Tapis de coton* (la pièce : 405 fr.);
        EJIMA Takichi.

N° 653. — Cl. 8. — *Etagère en bois de santal rouge* (24.100 fr.);
        OGAWA Yusan.

N° 212. — Cl. 13. — *Paravent brodé* ;
        MIYAMOTO Chuhei.

N° 696. — Cl. 11. — *Brasero en faïence* (440 fr.);
        SETO TOJI KOSHO DOGYO KUMIAI.

N° 68. — Cl. 15. — *Kakemono, gravure sur bois (dessin de SHOKEI)*
        NIPPON-MOKUHAN INSATSU KWAISHA. (605 fr.);

N° 455. — Cl. 9. — *Boîte à cigarettes laquée* ;
        HOMMA Shunkwa.

N° 528. — Cl. 10. — *Bouilloire en fonte* (290 fr.);
        SANO Yasuke.

N° 470. — Cl. 11. — *Service à thé en faïence* (244 fr.);
        NAGAOKA Juemon.

N° 537. — Cl. 8. — *Plateaux laqués* (la paire : 300 fr.);
        MATSUDA Haruji.

X. — ÉTALAGE

N° 54. — Cl. 14. — *Lanternes de Gifu* (la paire : 460 fr.);
        SUZUKI Toramatsu.

N° 57. — Cl. 14. — *Lanternes de Gifu* (la paire : 1.580 fr.);
        TESHIGAWARA Naojiro.

N° 657. — Cl. 13. — *Natte imprimée* (75 fr.);
FUKUOKA KWAEN DOGYO KUMIAI.

N° 658. — Cl. 8. — *Guéridon laqué* (2.200 fr.);
AKAMATSU SHOTEN.

N° 426. — Cl. 8. — *Etagère d'angle en bois laqué* (7.210 fr.);
ABE Choshichi.

N° 442. — Cl. 8. — *Rince-bouche avec soucoupes laqué* (1.480 fr.);
FUKUNISHI Sobei.

N° 443. — Cl. 8. — *Service à café laqué avec plateau* (1.970 fr.);
FUKUNISHI Sobei.

N° 462. — Cl. 8. — *Rince-bouche en bois* (la douz. : 2.420 fr.);
TSUZUKI Riotaro.

N° 472. — Cl. 11. — *Jardinière en faïence et socle* (9.610 fr.);
SAWADA Sozan.

N° 440. — Cl. 8. — *Buffet en bois* (18.400 fr.);
SAITO Yosozaemon.

N° 611. — Cl. 8. — *Bonbonnière laquée* (3.100 fr.);
MIKI Hyoetsu.

N° 463. — Cl. 8. — *Rince-bouche laqué* (la demi-douzaine : 2.200 fr.);
HASHIMOTO Bisetsu.

N° 428. — Cl. 8. — *Coffret laqué* ;
TAKATA Sensai.

XI. — ÉTALAGE

N° 674. — Cl. 11. — *Petit vase en faïence* (115 fr.);
TOKONAME TOKI DOGYO KUMIAI.

N° 299. — Cl. 13. — *Tapis de laine* (3.500 fr.);
IWASAKI Kyuhei.

N° 503. — Cl. 10. — *Lanterne en fonte* (1.510 fr.);
ARISAKA Kissho.

N° 21. — Cl. 8. — *Paysage en laque « Makié » encadré* (9.670 fr.);
SHIMANO Sanshu.

N° 511. — Cl. 8. — *Petites tables en laque spéciale* (la paire : 680 fr.);
SHINO Hatsusaburo.

N° 457. — Cl. 9. — *Boîte à cigarettes* (1.440 fr.);
SUZUKI Riusai.

N° 652. — Cl 8. — *Etagère laquée* (4.565 fr.);
NAKAYAMA Chojiro.

Nº 642. — Cl. 11. — *Vase en porcelaine et socle* (3.360 fr.);
NAKAMURA Shuto.
Nº 453. — Cl. 8. — *Coupe à gâteaux laquée ;*
NAKAGAWA Tetsuya.

DIVERS

Nº 282. — Cl. 21. — *Boutons de nacre ;*
FUJII Giichiro.
Nº 568. — Cl. 21. — *Boutons de nacre ;*
NAKAMURA Gisuke.
Nº 567. — Cl. 21. — *Boutons de nacre ;*
TSUJI Isaburo.
Nº 858. — Cl. 3. — *Feuilles de contreplaqué (système Adano);*
ASANO Kichijiro.

Restaurant, Maison de Thé

La Section Japonaise a édifié sur la berge, une plate-forme adja-
cente au Pavillon National où sont installés un Restaurant et une Maison
de thé. Cette installation a été réalisée, pour la plus grande part, grâce
aux dons des firmes commerciales japonaises en Europe, désignées
ci-dessous :

Société anonyme Mitsubishi (M. T. Kuga)	PARIS
Mitsui et Cie (M. K. Nakamura)	PARIS
Banque Franco-Japonaise (M. M. Hibiki).	PARIS
M. B. Banno.	PARIS
Horikoshi et Cie (M. H. Horiuchi)	PARIS
Yokohama Specie Bank (M. S. Yoda)	LYON
Hara et Cie (M. M. Yamada)	LYON
Nippon Yusen Kaisha (M. M. Watanabe).	LONDRES
Ohura & Co (M. K. Kawase)	LONDRES
K. Mikimoto, Diamond House (M. S. Wada).. ...	LONDRES
Iida & Co	LONDRES
Sumitomo Bank ... ..., ...	LONDRES
Yasuda Bank.	TOKIO
Corporation Centrale des Producteurs de Thé. ...	TOKIO
Osaka Shosen Kaisha.	OSAKA

Le Gouvernement Général de Formose nous a confié la création
d'une Maison de thé.

Magasins de Vente

Les Magasins de vente sont situés au quinconce des Invalides derrière
la Section Japonaise de la Galerie.

Des objets et articles tant industriels qu'artistiques du Japon
s'offrent aux yeux des visiteurs.

CLASSIFICATION GÉNÉRALE

des exposants

DE LA SECTION JAPONAISE

GROUPE I. — Architecture

CLASSE I

ARCHITECTURE

ASSOCIATION INDUSTRIELLE DU JAPON, Tokio.

CLASSE III

ARTS ET INDUSTRIES DU BOIS

ASANO Kichijiro, *Fabricant de placage*, Aichi. (Pav. et Inv.)
ITO Koichi, *Fabricant de placage*, Tokio. (Pav.)
YAMAMOTO Zuiun, *Sculpteur sur bois*, Tokio. (Pav.)

GROUPE II. — Mobilier

CLASSE VIII

ART ET INDUSTRIE DU BOIS ET DU CUIR

ABE Choshichi, *Ebéniste*, YAMAGATA. (Inv.)

ADACHI Shozan, *Laqueur*, NIIGATA. (Inv.)

AKAMATSU-SHOTEN, *Laqueur*, FUKUOKA. (Inv.)

AKAMATSU-SHOTEN, *Laqueur*, FUKUOKA. (G. P.)

AKATSUKA Jitoku, *Laqueur*, TOKIO. (Inv.)

AOKI Sotokichi, *Directeur de l'Ecole des Arts et Méliers*, ISHIKAWA. (Inv.):

AOYAMA Taiseki, *Marqueteur*, TOKIO. (Pav.)

ASHIDA Shinshichi, *Ebéniste*, OSAKA. (Pav.)

CHASENGIO-KUMIAI, *Corporation des Fabricants d'articles pour la Cérémonie du thé*, NARA. (Inv.)

DAISEI SHOKAI, *Formose*. (G. P.)

FUKADA Matsunosuke, *Fabricant d'articles en retin*, OSAKA. (Inv.)

FUKUNISHI Sobei, *Laqueur*, FUKUSHIMA. (Inv.)

GOTO Unkyu, *Laqueur*, KANAGAWA. (Pav.)

HASHIMOTO Bisetsu, *Sculpteur sur bois*, OSAKA. (Inv.)

HATA Shokichi, *Sculpteur sur bois*, TOKIO. (Inv.)

HAYASHI Fukutaro, *Fabricant d'articles en bambou*, KAGAWA. (Inv.)

HIGUCHI Hikoemon, *Fabricant de paravents*, OSAKA. (Pav.)

HIRAI Kiusai, *Sculpteur sur bambou*, OSAKA. (Inv.)

HIROSE Seiji, *Laqueur*, YAMAGATA. (Inv.)

HONDA Tokujiro, *Sculpteur sur bois*, OSAKA. (Inv.)

IIZUKA Hochiku, *Fabricant d'articles en bambou*, TOKIO. (Inv.)

IIZUKA Hosai, *Fabricant d'articles en bambou*, TOKIO. (Pav.) (G.P.)

IIZUKA Kiokusho, *Fabricant d'articles en bambou*, TOKIO. (Inv.)

IIZUKA Rokansai, *Fabricant d'articles en bambou*, TOKIO. (Inv.)

IKOMA Hiroshi, *Laqueur*, Ishikawa. (Pav.)

INAGAKI Magoichiro, *Laqueur*, KYOTO. (Pav.) (G. P.) (Inv.)

ISANA-SHOKAI, *Fabricant d'objets en baleine*, TOKIO. (G. P.) (Inv.)

IWAMURA Teizo, *Laqueur*, KYOTO. (G. P.)

KAJITA Megumu, *Ebéniste*, TOKIO. (G. P.)

KAMISUGI Shoyu, *Fabricant d'articles en bambou*, YAMAGUCHI. (Inv.)

KATAGIRI Takezo, *Vannier*, AOMORI. (Inv.)

KATO Giichiro, *Laqueur*, ISHIKAWA. (G. P.)

KAWAI Shintaro, *Laqueur*, OSAKA. (Pav.)

KAWANOBE Ichimei, *Laqueur*, TOKIO. (Pav.)

KINOSHITA Chutaro, *Laqueur*, SHIMANE. (Inv.)

KIJIMA Ryoso, *Sculpteur sur bois*, NARA. (Inv.)
KIUCHI Seigo, *Ebéniste*, TOKIO. (Inv.)
KODA Shuetsu, *Laqueur*, KYOTO. (Pav.) (Inv.)
KOIWA Komei, *Laqueur*, TOKIO. (Pav.)
KOMATSU Wataro, *Laqueur*, KAGAWA. (Inv.)
KONISHI Chujiro, *Laqueur*, KANAGAWA. (Inv.)
KOSHIDA Bizan, *Laqueur*, OSAKA. (G. P.)
KURODA Chujio, *Laqueur*, AICHI. (Inv.)
KURUME-RANTAI-SHIKKI-KAISHA, *Fabricant d'articles en laque*,
    FUKUOKA. (G. P.)
MAEDA Nansai, *Ebéniste*, TOKIO. (Pav.)
MATSUDA Gonroku, *Laqueur*, TOKIO. (Inv.)
MATSUDA Haruji, *Laqueur*, KAGAWA. (Inv.)
MIKAMI Jisaburo, *Laqueur*, KYOTO. (Pav.) (G. P.)
MIKI Hyoetsu, *Laqueur*, KYOTO. (Inv.)
MINEKISHI Hoko, *Laqueur*, TOKIO. (Pav.)
MINO Gado, *Laqueur*, KAGAWA. (Inv.)
MIYAKOSHI Tasuke, *Vannier*, AOMORI. (Inv.)
MIYOSHI Yajibei, *Ebéniste*, OSAKA. (G. P.)
MORITA Shintaro, *Fabricant d'articles en bambou*, KYOTO. (Inv.)
MORITA Shozo, *Fabricant d'articles de bambou*, MIE. (Inv.)
MORI Kojiro, *Sculpteur sur bois*, SHIGA. (Inv.)
MORIYAMA Kosho, *Fabricant d'articles de bambou*, TOKIO. (Inv.)
MURAKAMI-KOGEIKAI, *Fabricant d'articles en laque*, NIIGATA. (Inv.)
NAKAGAWA Tetsuya, *Laqueur*, TOKIO. (Inv.)
NAKAHARA Motosuke, *Ebéniste*, OSAKA. (Pav.)
NAKAMURA Kintaro, *Fabricant d'articles en baleine*, TOKIO. (Inv.)
NAKAMURA Kitaro, *Laqueur*, TOYAMA. (Inv.)
NAKAMURA Kaju, *Laqueur*, SHIZUOKA. (Pav.) (Inv.)
NAKAMURA Matsujiro, *Vannier*, SHIGA. (Inv.)
NAMBU Ihei, *Ebéniste*, OSAKA. (G. P.)
NAKADA Iwamatsu, *Fabricant d'articles en rotin*, SHIGA. (Inv.)
NAKAYAMA Chojiro, *Laqueur*, NIIGATA. (Inv.)
NIIGATA-CHIKKOJO, *Fabricant d'articles en bambou*, NIIGATA. (Inv.)
NISHIKAWA Genjiro, *Fabricant de stores*, KYOTO. (Pav.)
NISHIMURA Takijiro, *Laqueur*, KAGAWA. (Inv.)
NISHIDA Masayoshi, *Ebéniste*, NARA. (Pav.)
NISHIYAMA Chujiro, *Fabricant d'articles en osier*, GIFU. (Inv.)
OGAKI Shokun, *Laqueur*, ISHIKAWA. (G. P.) (Inv.)
OGAWA Uzan, *Ebéniste*, NIIGATA. (Inv.)
OKADA Chikkosai, *Fabricant d'articles en bambou*, TOKIO. (Inv.)
OKADA Chikkosai, *Fabricant d'articles en bambou*, NIIGATA. (Inv.)
OKADA Setsujo, *Laqueur*, TOYAMA. (G. P.) (Inv.)

OKAMOTO Sensuke, *Laqueur*, KYOTO. (Inv.)
OTANI Kankichi, *Laqueur*, SHIMANE. (Inv.)
ROKKAKU Chutaro, *Laqueur*, TOKIO. (Pav.)
SAEGI Tamotsu, *Fabricant d'articles en bambou*, EHIME. (Inv.)
SAITO Yosozaemon, *Ébéniste*, YAMAGATA. (Inv.)
SAKAKIBARA Genzaburo, *Fabric. d'articles en bambou*, SHIZUOKA. (Pav.)
SAKAMOTO Sakae, *Laqueur*, KAGAWA. (Inv.)
SAKAMOTO Ikkei, *Laqueur*, SHIMANE. (Inv.)
SANUKI-KOGEISHA, *Laqueur*, KAGAWA. (Inv.)
SASAKI Kogakusai, *Fabricant d'articles en bambou*, TOKIO. (Inv.)
SATO Chiyota, *Fabricant d'articles en bambou*, OITA. (Inv.)
SATO Hoitsu, *Fabricant d'articles en bambou*, OITA. (Inv.)
SHIBAYAMA Somei, *Laqueur*, TOKIO. (Inv.)
SHIMANO Sanshu, *Laqueur*, OSAKA. (Inv.)
SHINO Hatsusaburo, *Laqueur*, TOCHIGI. (Inv.)
SHINOHARA Yoshio, *Sculpteur sur bois*, KANAGAWA. (Inv.)
TACHIBANA Fuetsu, *Laqueur*, KAGAWA. (Inv.)
TAJIMA-YANAGIKORI-DOGIOKUMIAI, *Vannier*, HYOGO. (Inv.)
TAKAHASHI Kanzanjin, *Laqueur*, KAGAWA. (Inv.)
TAKAHASHI Seitaro, *Ébéniste*, TOKIO. (Inv.)
TAKATA Sensai, *Laqueur*, ISHIKAWA. (Inv.)
TANABE Tsuneo, *Fabricant d'articles en bambou*, OSAKA. (Pav.)
TERASE Sanraku, *Sculpteur sur bois*, NARA. (G. P.)
TOGASHI Kosei, *Laqueur*, TOKIO. (Inv.)
TOJIMA Kofu, *Laqueur*, KYOTO. (Pav.) (Inv.)
TOYOKAWA Yokei, *Laqueur*, TOKIO. (G. P.)
TSUZUKI Riotaro, *Tourneur sur bois*, ISHIKAWA. (Inv.)
TSUISHU Katsuhiko, *Laqueur*, TOKIO. (Inv.)
TSUJIMURA Shoka, *Laqueur*, TOKIO. (G. P.)
TSUKUDA Shinichi, *Fabricant d'articles en bambou*, YAMAGUCHI. (Inv.)
TSURUHARA Kakuu, *Laqueur*, AICHI. (G. P.)
TSURUTA Wasaburo, *Laqueur*, ISHIKAWA. (Pav.)
TSUTSUKI Kosai, *Laqueur*, TOKIO. (Pav.)
UEMATSU Hobi, *Laqueur*, TOKIO. (Inv.)
UKAWA-TOKAGO-SEIZO-SHO, *Fabric. d'articles en rotin*, HYOGO. (Inv.)
UMESAWA Junzaburo, *Laqueur*, TOKIO. (Pav.)
YAGIHASHI Bunnosuke, *Vannier*, AOMORI. (Inv.)
YAMASHITA Rikimatsu, *Fabricant d'articles en bambou*, OSAKA. (Inv.)
YAMAMOTO Chikuriusai, *Fabricant d'articles en bambou*, OSAKA. (G. P.)
YANAGIDA Ikujiro, *Vannier*, OSAKA. (Inv.)
YANAGISAWA Ippo, *Laqueur*, TOKIO. (Pav.)
YAMASAKI Kakutaro, *Laqueur*, TOKIO. (Pav.)

YOSHIO Genzo, *Fabricant d'articles de « Tsuru »*, Aomori. (Inv.)
YUKIO Yukio, *Laqueur*, Tokio. (Pav.)
YUKI Tetsuo, *Laqueur*, Tokio. (Inv.)
ZEN Seikei, *Laqueur*, Corée. (G. P.)

CLASSE IX

TABLETTERIE-MAROQUINERIE

DAINIHON-CELLULOID ET C⁰, *Fabricant d'articles de celluloïd*, Osaka. (Inv.)
EZAKI Eizo, *Fabricant d'articles d'écaille*, Nagasaki. (G. P.)
FUKUI Kikutaro, *Fabricant d'articles de corail*, Formose. (G. P.)
FUTAEDA Teijiro, *Fabricant d'articles d'écaille*, Nagasaki. (G. P.) (Inv.)
HARII-SHOTEN, *Fabricant de maroquinerie*, Tokio. (G. P.)
HOMMA Shunka, *Laqueur*, Tokio. (Inv.)
HOSAKA Kozan, *Sculpteur sur écaille, nacre, etc...*, Tokio. (G. P.) (Inv.)
IKEDA Kakichi, *Sculpteur sur ivoire*, Tokio. (G. P.)
ISHIKAWA Kambi, *Sculpteur sur nacre, écaille, etc...*, Tokio. (G. P.)
KIMURA Isajiro, *Laqueur*, Toyama. (Inv.)
KOYAMA-CELLULOID & C⁰, *Fabric. d'articles de celluloïd*, Osaka. (Inv.)
KUMAGAI Daijiro, *Fabricant de sacs fantaisie*, Tokio. (Pav.) (G. P.)
KURITA Kando, *Fabricant d'articles d'écaille*, Tokio. (G. P.)
MARUYAMA Josho, *Laqueur*, Toyama. (Pav.)
MIYAKAWA Meishun, *Incrusteur*, Tokio. (Pav.)
NAGAMATSU Tatsunosuke, *Fabric. d'articles de corail*, Formose (G. P.)
NISHIMURA Hikobei, *Laqueur*, Kyoto. (Pav.)
NOMURA Tomekichi, *Sculpteur sur ivoire*, Tokio. (Pav.)
OGAWA Jikima, *Fabricant d'articles de corail*, Formose. (G. P.)
ONISHI-SHOTEN, *Sculpteur sur ivoire*, Kanagawa. (Inv.)
OTANI Teijiro, *Fabricant d'articles en écaille*, Nagasaki. (G. P.)
SAITO Naokichi, *Sculpteur sur ivoire*, Tokio. (G. P.)
SAITO Shoichiro, *Sculpteur sur ivoire*, Tokio. (Pav.) (G. P.)
SASAKI Tokusai, *Laqueur*, Kyoto. (Pav.)
SUZUKI Ryusai, *Ébéniste*, Tokio. (Inv.)
TADONO Shinzo, *Fabricant d'articles en celluloïd*, Osaka. (Inv.)
TAJIRI Heihachiro, *Fabricant d'articles de corail*, Formose. (G. P.)
TOYAMA-SHIKKIGIO-KUMIAI, *Fab. d'objets en laque*, Toyama. (Inv.)
TSUCHIYAMA Koshu, *Laqueur*, Kyoto. (Inv.)
TSUISHU Yosei, *Laqueur*, Tokio. (Pav.)
YASUHARA Shoso, *Laqueur*, Osaka. (Pav.)

CLASSE X

ART ET INDUSTRIE DU MÉTAL

AMEMIYA Soshichi, *Fondeur*, KYOTO. (G. P.)
ANDO Jubei, *Fabricant d'objets en émail cloisonné*, AICHI. (Pav.) (G. P.)
ARISAKA Kissho, *Fondeur*, IWATE. (Inv.)
EZAWA Toun, *Fondeur*, TOKIO. (G. P.)
FUNAKOSHI Shummin, *Orfèvre*, TOKIO. (G. P.)
FURUICHI Unosuke, *Fondeur*, KYOTO. (G. P.)
HATA Zoroku, *Fondeur*, KYOTO. (G. P.)
HAYASHI Tanigoro, *Fabricant d'objets en émail cloisonné*, AICHI. (G. P.)
HIGASHI Zenchu, *Fabricant d'objets en étain*, KUMAMOTO. (G. P.)
HIRADATE Seizo, *Mouleur*, IWATE. (Pav.)
HIRANO Kichibei, *Fondeur*, KYOTO. (Pav.) (G. P.)
HIRATA Juko, *Orfèvre*, TOKIO. (Pav.)
HOMMA Takusai, *Mouleur*, NIIGATA. (Inv.)
HOSHIYAMA Buhachiro, *Fabricant d'articles en étain*, KAGOSHIMA. (G.P.)
HOSONUMA KIKINZOKU KAISHA, *Orfèvre*, TOKIO. (G. P.)
ICHIHASHI Gado, *Mouleur*, TOKIO. (G. P.)
IIDA Katsumi, *Orfèvre*, OSAKA. (Pav.)
INABA Shichiho, *Fabricant d'objets en émail cloisonné*, KYOTO. (G. P.)
ISHIDA Eiichi, *Fabricant d'objets en métal martelé*, TOKIO. (G. P.)
ISHIKAWA Katsunobu, *Ciseleur*, TOKIO. (Pav.)
ISONO Saburo, *Ciseleur*, OSAKA. (Inv.)
ISOZAKI Yoshitsugu, *Orfèvre*, TOKIO. (Pav.)
ITO Masami, *Orfèvre*, TOKIO. (G. P.)
KAKUHA Zenjiro, *Fondeur*, KANAGAWA. (G. P.)
KAMIYA Norichika, *Orfèvre*, TOKIO. (G. P.)
KATORI Masahiko, *Mouleur*, TOKIO. (G. P.)
KATORI Shushin, *Mouleur*, TOKIO. (Pav.) (G. P.)
KATSURA Koshun, *Ciseleur*, TOKIO. (G. P.)
KAWACHI Somei, *Orfèvre*, TOKIO. (Pav.)
KAWASHIMA Toshu, *Fabricant d'objets en métal martelé*, TOKIO. (Inv.)
KIBUNDO Shobei, *Mouleur*, SHIGA. (G. P.)
KIKUCHI Kumaji, *Mouleur*, YAMAGATA. (Pav.) (Inv.)
KITAHARA Sanka, *Mouleur*, TOKIO. (G. P.)
KITAHARA Senroku, *Ciseleur*, TOKIO. (G. P.)
KITAMURA Joun, *Mouleur*, TOKIO. (G. P.)
KOIZUMI Nizaemon, *Mouleur*, IWATE. (G. P.) (Inv.)
KOMAI Otojiro, *Fabricant d'objets incrustés*, KYOTO. (G. P.)

KONO Yoshinosuke, *Fabric. d'objets incrustés*, KANAGAWA. (G. P.) (Inv.)
KUROKAWA Yoshikatsu, *Fab. d'objets en métal martelé*, TOKIO. (G. P.)
MIYAZAKI Kanki, *Mouleur*, ISHIKAWA. (Inv.)
MIZUNO Genroku, *Ciseleur*, ISHIKAWA. (Pav.)
MIZOGUCHI Yasunosuke, *Mouleur*, KYOTO. (Inv.)
MURATA Chosen, *Mouleur*, NIIGATA. (G. P.)
NAGAIKE Tadakatsu, *Orfèvre*, TOKIO. (Pav.)
NAGAMATSU Sajiro, *Fabricant d'objets en émail cloisonné*, KYOTO. (G.P.)
NAITO Haruji, *Mouleur*, TOKIO. (G. P.)
NAKAMURA Hambei, *Fabricant d'objets en étain*, OSAKA. (G. P.)
NAKAJIMA Yasuyoshi, *Orfèvre*, OSAKA. (Pav.)
NAMBU-TETSUBIN-KUMIAI, *Mouleur*, IWATE. (Inv.)
NISHIMURA Yasubei, *Fondeur*, KYOTO. (Pav.) (G. P.)
NISHIMURA Toshihiko, *Mouleur*, TOKIO. (G. P.)
NOKAWA Seizo, *Fondeur*, KYOTO. (G. P.)
NOMORI Yasutaro, *Orfèvre*, OSAKA. (Pav.)
OKUBO Naooki, *Fabricant d'objets en métal martelé*, KYOTO. (G. P.)
OKUNI Hakusai, *Mouleur*, OSAKA. (G. P.)
ONOJIMA Chibun, *Mouleur*, TOKIO. (Pav.)
OTA Toshiro, *Fabricant d'objets en émail cloisonné*, AICHI. (G. P.)
SAIDA Kozo, *Fabricant d'objets en métal martelé*, ISHIKAWA. (G. P.)
SAITO Kyomei, *Mouleur*, TOKIO. (G. P.)
SANO Yasuke, *Mouleur*, OSAKA. (Inv.)
SASAKI Shodo, *Mouleur*, TOKIO. (G. P.)
SATO Tokutaro, *Mouleur*, YAMAGATA. (Inv.)
SHIOZAKI Rihei, *Mouleur*, TOYAMA. (G. P.)
SHIMA Sahei, *Fondeur*, OSAKA. (Inv.)
SHIMIZU Kamezo, *Orfèvre*, TOKIO. (G. P.)
SOMEYA Ikko, *Orfèvre*, TOKIO. (G. P.)
SUGITA Kado, *Mouleur*, TOKIO. (Pav.)
SUNAKOZAWA Heizaburo, *Fondeur*, IWATE. (Inv.)
SUZUKI Yoshihiko, *Ciseleur*, TOKIO. (G. P.)
TAKAHATA Toyotaro, *Fab. d'objets en métal repoussé*, ISHIKAWA. (Pav.)
TAKAO Sadashichi, *Fondeur*, OSAKA. (G. P.) (Inv.)
TAKASE Kozan, *Fabricant d'objets en métal martelé*, KYOTO. (G. P.)
TAZO Goro, *Orfèvre*, TOKIO. (G. P.)
TSUBATA Soju, *Fondeur*, TOYAMA. (G. P.)
UNNO Kiyoshi, *Ciseleur*, TOKIO. (Pav.)
WATANABE Manri, *Orfèvre*, TOKIO. (G. P.)
YAMAGUCHI Issho, *Orfèvre*, TOKIO. (G. P.)
YAMAGUCHI Joyu, *Mouleur*, TOKIO. (G. P.)
YAMAKAWA Koji, *Ciseleur*, ISHIKAWA. (G. P.)
YAMAKAWA Toyomatsu, *Mouleur*, ISHIKAWA. (G. P.)

YAMAMOTO Azumi, *Mouleur*, TOKIO. (G. P.)
YAMAMOTO Jummin, *Mouleur*, TOKIO. (G. P.)
YOKOKURA Kazan, *Mouleur*, YAMAGATA. (G. P.)
YONEZAWA Hiroyasu, *Orfèvre*, ISHIKAWA. (G. P.)
YOSHIDA Kinya, *Fabricant d'objets en métal martelé*, TOKIO. (Pav.)
YOTSUYA Masami, *Ciseleur*, TOKIO. (G. P.)
ZOHEIKIOKU (Hôtel de la Monnaie), OSAKA. (Inv.)

CLASSE XI

ART ET INDUSTRIE DE LA CÉRAMIQUE

AKIYAMA Jisaku, *Céramiste*, ISHIKAWA. (Pav.)
CHIN Jukan, *Céramiste*, KAGOSHIMA. (Pav.)
EIRAKU Zengoro, *Céramiste*, KYOTO. (Inv.)
EMOTO Gyoshu, *Céramiste*, ISHIKAWA. (Pav.)
ETO Ruitaro, *Céramiste*, SAGA. (Pav.)
FUKAGAWA SEIJI-KAISHA, *Céramiste*, SAGA. (Pav.) (Inv.)
FUNAKI Asataro, *Céramiste*, SHIMANE. (G. P.)
HIRAOKA Rihei, *Céramiste*, KYOTO. (G. P.)
IDE Zentaro, *Céramiste*, ISHIKAWA. (Inv.)
IMOTO Beisen, *Céramiste*, KYOTO. (Pav.) (G. P.)
INOUE Fusataro, *Céramiste*, AICHI. (Pav.) (Inv.)
INOUE Ryosai, *Céramiste*, KANAGAWA. (G. P.)
ISHIKAWA Hakusai, *Céramiste*, NARA. (G. P.)
ISHINO Ryuzan, *Céramiste*, ISHIKAWA. (Pav.)
ISHIKAWA KENRITSU KOGYO GAKKO (Ecole départementale
    industrielle), ISHIKAWA. (Inv.)
ISHIZAKI Ban, *Céramiste*, ISHIKAWA. (Inv.)
ITO Suiko, *Céramiste*, KYOTO. (Pav.)
ITO Tozan, *Céramiste*, KYOTO. (Pav.)
KATO Haruzi, *Céramiste*, AICHI. (Pav.)
KATO Masao, *Céramiste*, EHIME. (Inv.)
KAWAMURA Gumi, *Céramiste*, MIE. (Inv.)
KAWAMURA Seizan, *Céramiste*, KYOTO. (Inv.)
KAWAI Unosuke, *Céramiste*, KYOTO. (Inv.)
KIN Horyu, *Céramiste*, CORÉE. (G. P.)
KINKOZAN Sobei, *Céramiste*, KYOTO. (Pav.) (G. P.)
KORAN GOMEI KAISHA, *Céramiste*, SAGA. (G. P.) (Inv.)
KUDO Ichitaro, *Céramiste*, EHIME. (Pav.)
KUSUBE Yaichi, *Céramiste*, KYOTO. (G. P.)

KUWADA Yojuro, *Céramiste*, Ishikawa. (Inv.)
KYOTO TOJIKI GOSHI KAISHA, *Céramiste*, Kyoto. (G. P.)
MASHIMIZU Zoroku, *Céramiste*, Kyoto. (Inv.)
MIYAGAWA Kozan, *Céramiste*, Kanagawa. (G. P.) (Inv.)
MIYANAGA Tozan, *Céramiste*, Kyoto. (Pav.)
MIYAMOTO Kahei, *Céramiste*, Ishikawa. (Inv.)
MORI Gankado, *Céramiste*, Ishikawa. (Inv.)
MORI Kintaro, *Céramiste*, Mie. (Inv.)
MORIOKA Shinichi, *Céramiste*, Aichi. (Inv.)
NAGAOKA Juemon, *Céramiste*, Shimane. (Inv.)
NAKAJIMA Hideichi, *Céramiste*, Shimane. (Inv.)
NAKAMURA Shigeru, *Céramiste*, Ishikawa. (Pav.)
NAKAMURA Shuto, *Céramiste*, Ishikawa. (Inv.)
NAKAMURA Toko, *Céramiste*, Kyoto. (G. P.)
NAKAZATO Mimata, *Céramiste*, Nagasaki. (Inv.)
OKURA-TOEN *Céramiste*, Tokio. (G. P.)
OSHIMA Koichi, *Céramiste*, Saga. (G. P.)
SAKA Koraizaemon, *Céramiste*, Yamaguchi. (Inv.)
SAWADA Sozan, *Céramiste*, Kyoto. (Inv.)
SEIFU Yohei, *Céramiste*, Kyoto. (Pav.)
SETO TOJIKOSHO DOGYO KUMIAI, *Céramiste*, Aichi. (Pav.) (Inv.)
SHIGARAKI TOKI DOGYO KUMIAI, *Céramiste*, Shiga. (Pav.)
SHIMIZU Bizan, *Céramiste*, Ishikawa. (Inv.)
SHIMIZU Rokubei, *Céramiste*, Kyoto. (Pav.) (G. P.)
SONE Shozo, *Céramiste*, Gifu. (Inv.)
SUDA Seika, *Céramiste*, Ishikawa. (G. P.)
SUWA Sozan, *Céramiste*, Kyoto. (Pav.)
TAKAHASHI Seizan, *Céramiste*, Kyoto. (Pav.)
TANIGUCHI Kichijiro, *Céramiste*, Ishikawa. (Inv.)
TERAMAE Tamekichi, *Céramiste*, Ishikawa. (G. P.)
TOKONAME TOKI DOGYO KUMIAI, *Céramiste*, Aichi. (Inv.)
TOKUDA Yasokichi, *Céramiste*, Ishikawa. (Pav.)
TOMINAGA Jinshiro, *Céramiste*, Osaka. (Inv.)
TOMITA Gisaku, Corée. (G. P.)
TOSHIOKA Shinji, *Céramiste*, Ishikawa. (Inv.)
TSUJI Junosuke, *Céramiste*, Saga. (G. P.)
UCHIJIMA Kitaro, *Céramiste*, Kyoto. (G. P.)
UKITA Rakutoku, *Céramiste*, Kyoto. (G. P.)
UNO Jimmatsu, *Céramiste*, Kyoto. (Pav.) (G. P.)
YABU Meizan, *Céramiste*, Osaka. (Pav.) (Inv.)
YAGUCHI Eiju, *Céramiste*, Ishikawa. (Inv.)
YAGUCHI Jutaro, *Céramiste*, Ishikawa. (Pav.)
YAMATO Harunobu, *Céramiste*, Yamaguchi. (Inv.)

ART ET INDUSTRIE DES TEXTILES

BIZEN Matakichi, *Tisserand*, ISHIKAWA. (G. P.)
CHUDO Shinji, *Tresseur de paille*, HIROSHIMA. (Inv.)
DAISEI-SHOKAI, FORMOSE. (G. P.)
DAISHOJI YUSHUTSU ORIMONO KUMIAI, *Corporation des Tisse-
    rands*, ISHIKAWA. (G. P.)
DAINIPPON BOSEKI GIFU KENBO KOJO, *Tisserand*. GIFU, (G. P.)
DATE Yasuke, *Tisserand*, KYOTO. (G. P.)
EJIMA Takichi, *Tapissier*, SAGA. (Inv.)
FUJII Kinzaburo, *Tresseur de paille*, HIROSHIMA. (Inv.)
FUJII Seki, *Brodeuse*, TOKIO. (Inv.)
FUJII Yaoji, *Tresseur de paille*, HIROSHIMA. (Inv.)
FUJITA Seizo, *Teinturier*, KANAGAWA. (G. P.)
FUKUOKAKEN KWAEN DOGYO KUMIAI, *Fabricant de nattes
    décorées*, FUKUOKA. (Inv.)
HANIU Naosuke, *Teinturier*, KANAGAWA. (Pav.) (G. P.)
HASEGAWA Ichizo, *Tisserand*, KYOTO. (G. P.)
HASHIO Kiyoshi, *Brodeur*, KYOTO. (Pav.) (G. P.)
HATANO ORIMONO DOGYO KUMIAI, *Tisserand*, KANAGAWA. (G. P.)
HIROKAWA Matsugoro, *Dessinateur*, IBARAKI. (Pav.)
IWASAKI Kyuhei, *Tapissier*, OSAKA. (Pav.) (Inv.)
KAIFU Tashiro, *Tisserand*, TOKUSHIMA. (G. P.)
KAIKI DOGYO KUMIAI, *Tisserand*, YAMANASHI. (G. P.)
KANAZAWA Shizuko, *Dentelière*, TOKIO. (G. P.)
KANNO Masatake, *Tresseur*, TOCHIGI. (Inv.)
KAWASHIMA Jimbei, *Tisserand*, KYOTO. (Pav.)
KAWASHIMA Kyuhei, *Tisserand*, TOCHIGI. (G. P.)
KIMURA Asashichi, *Tisserand*, TOCHIGI. (G. P.)
KYOTO ORIMONO KAISHA, *Tisserand*, KYOTO. (G. P.)
MATSUI Motoemon, *Tisserand*, FUKUOKA. (G. P.)
MIE SEIMO KAISHA, *Tisserand*, MIE. (G. P.)
MIMA Giichiro, *Tisserand*, TOKUSHIMA. (G. P.)
MIYAMOTO Chubei, *Dessinateur*, NARA. (Inv.)
NAGANO KEN KOGYO SHIKENJO, *Laboratoire de Chimie*, NAGANO.
    (G. P.)
NAKAMURA Jihei, *Tisserand*, IWATE. (G. P.)
NAMBU SHIKON ZOME KENKYUJO, *Teinturier*, IWATE. (G. P.)
NIPPON BOSHOKU KAISHA, *Tisserand*, FORMOSE. (G. P.)

NIPPON YUSHUTSU ASASANADA DOGYO KUMIAI, *Tresseur de paille*, KANAGAWA. (Inv.)
NISHIJIN ORIMONO KAISHA, *Tisserand*, KYOTO. (G. P.)
NISHIMURA Jihei, *Tisserand*, KYOTO. (Pav.) (G. P.)
NISHIMURA Sozaemon, *Marchand d'étoffes en gros*, KYOTO. (Pav.)
NOBUCHI Kamekichi, *Tisserand*, KYOTO. (G. P.)
OGASAWARA Mitsutaro, *Tresseur de paille*, HIROSHIMA. (Inv.)
OGASAWARA Ritsusaburo, *Tresseur de paille*, HIROSHIMA. (Inv.)
SANO ORIMONO DOGYO KUMIAI, *Tisserand*, TOCHIGI. (G. P.)
SAKATA Okizo, *Tresseur de paille*, HIROSHIMA. (Inv.)
SASAGAWA BOSHOKU KAISHA, *Tisserand*, MIE. (G. P.)
SHIZUOKA KEN ASASANADA DOGYO KUMIAI, *Tresseur*, SHIZUOKA. (Inv.)
TAKAHASHI Taro, *Tresseur de paille*, HIROSHIMA. (Inv.)
TAKASHIMAYA GOFUKUTEN, *Marchand d'étoffes*, KYOTO. (Pav.)
TAMURA KOMA SHOTEN, *Marchand d'étoffes*, OSAKA. (G. P.)
TANAKA Rishichi, *Marchand d'étoffes*, KYOTO. (Pav.)
TANAKA Setsuji, *Brodeur*, SHIGA. (G. P.)
TATSUMURA Heizo, *Tisserand*, KYOTO. (G. P.)
TEIKOKU NENSHI ORIMONO KAISHA, *Tisserand*, GIFU. (G. P.)
TOMITA Gisaku, CORÉE. (G. P.)
TOTOMI ORIMONO DOGYO KUMIAI, *Tisserand*, SHIZUOKA. (G. P.)
TSURUOKA ORIMONO KAISHA, *Tisserand*, YAMAGATA. (G. P.)
UZEN ORIMONO KAISHA, *Tisserand*, YAMAGATA. (G. P.)
YAMAGA Seika, *Dessinateur-Tisserand*, KYOTO. (G. P.)
YOSHIDA Shikanosuke, *Marchand de tapis*, OSAKA. (Pav.) (Inv.)
YUASA Sentaro, *Teinturier*, KYOTO. (G. P.)

CLASSE XIV

ARTS ET INDUSTRIE DU PAPIER

DAISEI-SHOKAI, FORMOSE. (G. P.)
KINSENHATSU-TSUSHI-KAISHA, FORMOSE. (G. P.)
MATSUI Sanjiro, *Papetier*, GIFU. (Inv.)
MURASE Eikichi, *Fabricant d'articles en papier*, GIFU. (Inv.)
OSEKI Jishichi, *Fabricant d'articles en papier*, GIFU. (Pav.) (Inv.)
SUZUKI Toramatsu, *Fabricant d'articles en papier*, AICHI. (Inv.)
TESHIGAWARA-GOSHIGAISHA, *Fabricant d'articles en papier*, GIFU. (Pav.) (Inv.)
TOSAGAMI-KABUSHIKIKAISHA, *Papetier*, KOCHI. (Inv.)
UEDA-SHOTEN, *Papetier*, KOCHI. (Inv.)

CLASSE XV

ARTS ET INDUSTRIE DU LIVRE

HASHIGUCHI Mitsugi, *Graveur sur bois*, TOKIO. (Inv.)
MIYAKE Halyoh, *Graveur sur bois*, OSAKA. (Inv.)
NIHON-MOKUHANINSATSU-KAISHA, *Graveur sur bois*, TOKIO.
    (Pav.) (G. P.) (Inv.)
SHIMBISHOIN, *Librairie des Beaux-Arts*, TOKIO. (G. P.) (Inv.)
WATANABE Shozaburo, *Graveur sur bois*, TOKIO. (Inv.)

CLASSE XVI

JEUX ET JOUETS

DAINIHON-CELLULOID-KAISHA, *Fabricant d'articles de celluloïd*,
    OSAKA. (Inv.)
HARADA Kahei, *Fabricant de jouets*, FUKUOKA. (G. P.)
KOJIMA Yoichi, *Fabricant de jouets*, FUKUOKA. (G. P.)
MUSHA Mannosuke, *Fabricant de jouets*, TOKIO. (Pav.)
NAKAMURA Matsujiro, *Sculpteur sur bois*, SHIGA. (G. P.)
NAMIKAWA Chujiro, *Fabricant de jouets*, KYOTO. (G. P.)
OKI Heizo, *Fabricant de jouets*, KYOTO. (G. P.)
OKIAYU Yoichi, *Fabricant de jouets*, FUKUOKA. (G. P.)
SHIMIZU Katsuzo, *Fabricant de jouets*, KYOTO. (Pav.) (G. P.)
YAMADA Tokubei, *Fabricant de jouets*, TOKIO. (G. P.)
YOKOYAMA Shozo, *Fabricant de jouets*, TOKIO. (Pav.)

CLASSE XVIII

INSTRUMENTS DE MUSIQUE

SUZUKI Masakichi, *Luthier*, AICHI. (Inv.)

GROUPE III. — Parure

CLASSE XX

VÊTEMENT

HIROOKA Ihei, *Teinturier*, KYOTO. (Pav.)
KAWAMOTO Shobei, *Teinturier*, KYOTO. (G. P.)
NAITO Ryoko, *Teinturier*, KYOTO. (G. P.)
NAKANISHI Kintaro, *Tisserand*, FUKUOKA. (G. P.)
SUGIMOTO Matsunosuke, *Brodeur*, KYOTO. (G. P.)
TAKASHIMAYA-GOFUKUTEN, *Marchand d'étoffes*, KYOTO. (G. P.)
TAKEUCHI Ryozo, *Brodeur*, KANAGAWA. (G. P.)
URATA Seizo, *Teinturier*, KYOTO. (Pav.)
YAMAMOTO Naojiro, *Brodeur*, KANAGAWA. (G. P.)

CLASSE XXI

ACCESSOIRES DU VÊTEMENT

AKIHO Tetsutaro, *Fabricant d'éventails*, KYOTO. (Inv.)
DAISEI-SHOKAI, FORMOSE. (G. P.)
EZAKI Eizo, *Fabricant d'objets en écaille*, NAGASAKI. (G. P.)
FUJII Giichiro, *Fabricant de boutons*, NAGASAKI. (Inv.)
FUJITA Teijiro, *Fabricant d'éventails*, KYOTO. (Inv.)
GODO-BUSSAN-KAISHA, *Fabricant d'éventails*, KYOTO. (Inv.)
HAIBARA Naojiro, *Papetier*, TOKIO. (G. P.) (Inv.)
HIMURO Shozaburo, *Fabricant d'éventails*, NARA. (Inv.)
ISHIZUMI Kisaburo, *Fabricant d'éventails*, KYOTO. (Inv.)
MARUGAME-DANSENGYO-KUMIAI, *Corporation des fabricants d'éven-
tails*, KAGAWA. (Inv.)
MATOBA Eikichi, *Fabricant de cannes*, WAKAYAMA. (Inv.)
MATSUSHIMA Fukutaro, *Fabricant de parapluies*, TOKIO. (Inv.)
MIEDO Senami, *Fabricant d'éventails*, KYOTO. (Inv.)
NAKAGAWA Masashichi, *Tisserand*, NARA. (G. P.)
NAKAMURA Gisuke, *Fabricant de boutons*, OSAKA. (Inv.)

NIHON-JAZOKU-KENKYUJO, Formose. (G. P.)
OBORO-TAORU-SHOKAI, *Tisserand*, Mie. (G. P.)
OMORI Toranosuke, *Fabricant d'éventails*, Wakayama. (Inv.)
SAKATA Bunsuke, *Fabricant d'éventails*, Kyoto. (Inv.)
SANUKI-KASA-DOGYOKUMIAI, *Corporation des fabricants de parapluies*, Kagawa. (Inv.)
SEGAWA Chujiro, *Fabricant de cannes*, Shiga. (Inv.)
SEIBANYA, Formose. (G. P.)
SHINO Shuichi, *Fabricant d'objets d'ivoire*, Tokio. (Inv.)
SUGIE Shimbei, *Fabricant de sacs fantaisie*, Osaka. (G. P.)
TESHIGAWARA-GOSHIGAISHA, *Fabricant d'articles de papier*, Gifu (Inv.)
TOMITA Gisaku, Corée. (G. P.)
TSUJI Isaburo, *Fabricant de boutons*, Osaka. (Inv.)
YOKOHAMA-MERIYASU-DOGYOKUMIAI, *Corporation des fabricants de bonneterie*, Kanagawa. (G. P.)

CLASSE XXIII

MODES, FLEURS, PLUMES

DAISEI-SHOKAI, Formose. (G. P.)
SHIMANE Sosuke, *Chapelier*, Saitama. (G. P.)

CLASSE XXIV

BIJOUTERIE. JOAILLERIE

DAINIHON-CELLULOID-KAISHA, *Fabricant d'objets de celluloïd*, Osaka. (Inv.)
EBIHARA Shoji, *Orfèvre*, Tokio. (G. P.)
EZAKI Eizo, *Fabricant d'objets en écaille*, Nagasaki. (G. P.)
HATANAKA-SANGO-KAKOJO, *Joaillier*, Kochi. (G. P.)
HAYAMIZU Takusai, *Fabricant de peignes*, Osaka. (Inv.)
KIKUCHI Mohei, *Joaillier*, Tokio. (G. P.)
KOFU-SUISHOGYO-KUMIAI, *Corporation des joailliers*, Yamanashi. (G. P.)
MAEGAWA Saichi, *Dessinateur*, Nagasaki. (G. P.)
MIKIMOTO Kokichi, *Joaillier*, Tokio. (G. P.)
OTANI Teijiro, *Fabricant d'objets en écaille*, Nagasaki. (G. P.)
YODA Chujiro, *Joaillier*, Tokyo. (G. P.)

GROUPE V. — Enseignement

(GRAND PALAIS — PREMIER ÉTAGE)

CLASSE XXVIII

ENSEIGNEMENT

AICHI YOGYO GAKKO *(Ecole Départementale de Porcelaine d'Aichi)*, AICHI.

BANCHO JINJO SHOGAKKO *(Ecole Primaire de Bancho)*, TOKIO.

KITAOE JINJO KOTO SHOGAKKO *(Ecole Primaire Supérieure de Kitaoe)*, OSAKA.

KOJIMACHI KOTO SHOGAKKO *(Ecole Primaire Supérieure de Kojimachi)*, TOKIO.

KYOBASHI JINJO SHOGAKKO *(Ecole Primaire de Kyobashi)*, TOKIO.

KYOTO KOTO KOGEI GAKKO *(Ecole des Arts et Métiers de Kyoto)*, KYOTO.

MEIJI SEMMON GAKKO *(Ecole Polytechnique de Meiji)*, FUKUOKA.

MINISTÈRE DE L'INSTRUCTION PUBLIQUE DU JAPON, TOKIO.

NISHINODA SHOKKO GAKKO *(Ecole d'Apprentissage de Nishinoda)*, OSAKA.

OSAKA JITSUGYO GAKKO *(Ecole Municipale Professionnelle d'Osaka)*, OSAKA.

OSAKA KOTO KOGYO GAKKO *(Ecole Industrielle d'Osaka)*, OSAKA.

CLASSE XXX

BOIS

BANCHO JINJO SHOGAKKO *(Ecole Primaire de Bancho)*, TOKIO.

IZUMIO JINJO KOTO SHOGAKKO *(Ecole Primaire Supérieure d'Izumio)*, OSAKA.

KYOTO BIJUTSU KOGEI GAKKO *(Ecole Municipale des Beaux-Arts de Kyoto)*, KYOTO.

NAGOYA KOGEI GAKKO *(Ecole Municipale des Arts et Métiers de Nagoya)*, AICHI.

NIHOMBASHI KOTO SHOGAKKO *(Ecole Primaire Supérieure de Nihombashi)*, Tokio.
TOYAMA KOGEI GAKKO *(Ecole Départementale des Arts et Métiers de Toyama)*, Toyama.

CLASSE XXXI

MÉTAL

KYOTO BIJUTSU KOGEI GAKKO *(Ecole Municipale des Beaux-Arts de Kyoto)*, Kyoto.
NAGOYA KOGEI GAKKO *(Ecole Municipale des Arts et Métiers de Nagoya)*, Aichi.
TOYAMA KOGEI GAKKO *(Ecole Départementale des Arts et Métiers de Toyama)*, Toyama.

CLASSE XXXII

CÉRAMIQUE

ISHIKAWA KOGYO GAKKO *(Ecole Départementale Industrielle d'Ishikawa)*, Ishikawa.
KYOTO BIJUTSU KOGEI GAKKO *(Ecole Municipale des Beaux-Arts de Kyoto)*, Kyoto.

CLASSE XXXIV

TEXTILES

BANCHO JINJO SHOGAKKO *(Ecole Primaire de Bancho)*, Tokio.
EDOBORI JINJO KOTO SHOGAKKO *(Ecole Primaire Supérieure d'Edobori)*, Osaka.
HAMAMATSU KOGYO GAKKO *(Ecole Départementale Industrielle de Hamamatsu)*, Shizuoka.
HITOTSUBASHI KOTO SHOGAKKO *(Ecole Primaire supérieure de Hitotsubashi)*, Tokio.
KIRIU KOTO KOGYO GAKKO *(Ecole Industrielle de Kiriu)*, Gumba.

KUZURYU SHUGA JOGAKKO *(Ecole des Jeunes filles pour broderie et peinture de Kuzuryu)*, Tokio.

KYORITSU JOSHI SHOKUGYO GAKKO *(Ecole Professionnelle des Jeunes filles)*, Tokio.

KYOTO BIJUTSU KOGEI GAKKO *(Ecole Municipale des Beaux-Arts de Kyoto)*, Kyoto.

KYOTO KAIGA SEMMON GAKKO *(Ecole Municipale de peinture de Kyoto)*, Kyoto.

KYOTO KOGYO GAKKO *(Ecole Municipale Industrielle de Kyoto)*, Kyoto.

KYOTO KOTO KOGEI GAKKO *(Ecole des Arts et Métiers de Kyoto)*, Kyoto.

NAGOYA KOGEI GAKKO *(Ecole Municipale des Arts et Métiers de Nagoya)*, Aichi.

NIHOMBASHI JOSHI KOTO SHOGAKKO *(Ecole Primaire Supérieure des Jeunes filles de Nihombashi)*, Tokio.

TOITA SAIHO GAKKO *(Ecole de Couture de Toita)*, Tokio.

TOKIO SAIHO GAKKO *(Ecole de Couture de Tokio)*, Tokio.

TOYAMA KOGEI GAKKO *(Ecole Départementale des Arts et Métiers de Toyama)*, Toyama.

TOYAMA KOGYO GAKKO *(Ecole Départementale Industrielle de Toyama)*, Toyama.

www.ingramcontent.com/pod-product-compliance
Lightning Source LLC
LaVergne TN
LVHW012006180726
843502LV00005B/1577